Encarnar al monstruo

colección · ESTUDIOS DE LO INSÓLITO · ESTUDIOS
LAS PUERTAS DE LO POSIBLE, 4

# Encarnar al monstruo

*Hacia una nueva imaginación especulativa*

Ana Llurba

eolas
ediciones

La Colección LAS PUERTAS DE LO POSIBLE es un proyecto
del Grupo de Estudios Literarios y Comparados. Insólito, Género
y Humanidades Digitales (GEIGhd) y del Instituto de Humanismo
y Tradición Clásica de la Universidad de León

Primera edición: enero de 2024

© Ana Llurba, 2024
© de esta edición: Eolas ediciones

**www.eolasediciones.es**

Dirección editorial: Héctor Escobar
Directoras de la colección: Natalia Álvarez Méndez y Ana Abello Verano

Comité asesor: Carmen Alemany Bay, Pablo Brescia, Rosalba Campra,
Santiago Castellanos, Ann Davies, Cecilia Eudave, José Carlos González Boixo,
Elton Honores, Ethel Junco, Dale Knickerbocker, Silvia Kurlat Ares, Robin Lefere,
Teresa López-Pellisa, M.ª Carmen Martínez, Jesús M.ª Nieto Ibáñez,
Francisca Noguerol Jiménez, Jesús Paniagua Pérez, Claudio Paolini,
Soledad Quereilhac, Iván Rega Castro, Susana Reisz,
Asunción Sánchez Manzano

Publicación sometida a revisión anónima por pares

Diseño y maquetación: Alberto R. Torices

ISBN: 978-84-10057-12-8 | Depósito Legal: LE 5-2024

Impreso en España

# Índice

7

8

Hay una soledad que es propia y exclusiva de los monstruos, la sensación de que uno es una criatura única en su especie. Y en ese momento aquella soledad tocó a su fin.

Karen Russell, *Vampiros y limones*

# CAPÍTULO I

# Introducción

And here you come
with a shield for a heart
and a sword for a tongue
and your girls, your girls.
Wasn't I beautiful
Wasn't I fragrant and young?

Look at me now.

Carol Ann Duffy, *Medusa*

## 1. LA RISA DE MEDUSA: MONSTRUOS Y NUEVAS MITOLOGÍAS

En-carnar. Hacer carne. Representar. Personificar. Meterse adentro en el cuerpo de otro. Encarnar al monstruo. Desde la creación de uno de los más populares, el monstruo sin nombre creado por Victor Frankenstein en *Frankenstein o el moderno Prometeo* de Mary Shelley (1818), este personaje de ficción siempre ha sido asociado con el desvío de la norma. Un objeto de estudio específico de la teratología, la rama de la zoología que analiza los sujetos anormales cuya morfología no responde a patrones biológicos racionales. Una ciencia que, por cierto, disciplinó el conocimiento del mundo de acuerdo con un concepto etnoespecífico de «naturaleza», parafraseando a Donna Haraway (2019a) y su trabajo en *Las promesas de los monstruos*, para reubicar la dicotomía naturaleza y cultura de acuerdo con nuevas coordenadas que evidencian los prejuicios ideológicos que subyacen en ella.

Además de la desviación, el concepto de monstruo está relacionado con lo artificial, lo construido. Al igual que lo femenino, la idea de lo monstruoso está siempre en construcción. Todas las sociedades humanas tienen una concepción del monstruo femenino, una representación de todo aquello de la mujer que resulta escandalizador, horroroso, temible, abyecto. Todas las mitologías están pobladas por monstruos sexuados, como la *vagina dentata*, la intimidante Coatlicué o la Medusa.

Recordemos una historia ya conocida por todos: una joven sacerdotisa es violada en una playa mediterránea por el dios de los océanos a las puertas del templo de la diosa Atenea. Sin embargo esta deidad mitológica, en vez de condenar el ataque sexual del dios Neptuno, castigó a la joven convirtiéndola en un monstruo. Así, la víctima de la violación fue transformada por designio divino en una de las gorgonas, una deidad ctónica, subterránea, con serpientes por cabello y ojos que convertían en piedra todo lo que tocaban con su mirada. La leyenda del origen de Medusa, con su cristalización de la condena injusta que recae sobre el cuerpo de la mujer, es solo un ejemplo de la misoginia subyacente en la cultura occidental.

Sin embargo, la mirada maligna de la Gorgona con sus cabellos de serpientes y lengua lujuriosa tiene un lugar privilegiado entre los monstruos femeninos gracias a un don muy significativo: el poder de convertir todo lo que su vista toque en piedra. Un poder paralizante que Sigmund Freud relacionó, en su ensayo *La cabeza de Medusa* de 1922, con la observación masculina de los genitales femeninos:

> Decapitar = castrar. El terror a la Medusa es entonces un terror a la castración, terror asociado a una visión. Por innumerables

análisis conocemos su ocasión: se presenta cuando el muchacho que hasta entonces no había creído en la amenaza ve un genital femenino. Probablemente el de una mujer adulta, rodeado por vello; en el fondo, el de la madre (1992: 270).

Por lo tanto, el sujeto del psicoanálisis es concebido por y desde una ideología falocéntrica, donde lo femenino se define por la ausencia de pene. En consecuencia, el concepto de monstruo femenino se ha mantenido íntimamente vinculado a la cuestión de la diferenciación sexual y la castración. Ante la contemplación de los genitales femeninos, similares según Freud a la cabeza de la Gorgona, el hombre teme la castración. Y por eso, como en el mito de Perseo, la evita con la hazaña heroica de cortarle la cabeza a Medusa, es decir, de eliminar los genitales femeninos. Así se instauraría la diferencia sexual femenina, basada en su monstruosidad. Una excusa para doblegar, dominar y subordinar ese poder a través de la poderosa simbología de la decapitación.

15

De esta manera, al igual que el cuerpo de la sacerdotisa Medusa, el cuerpo de la mujer, y sobre todo de las jóvenes vírgenes, ha sido históricamente el territorio físico y simbólico susceptible de ser penetrado y violentado en todas las religiones del Mediterráneo, desde el politeísmo grecorromano al cristianismo primitivo. Una cultura de la violación que anida en nuestra civilización desde los mismos orígenes de la razón, porque, como demuestra la lectura freudiana clásica acerca de la cabeza de Medusa como símbolo de los genitales femeninos y la monstruosidad, la mitología y su respectiva cultura grecorromana fueron el contexto de emergencia de nuestro *so called* logos occidental.

Por el contrario, otras lecturas del mismo mito actualizan esa violencia misógina que subyace en su narrativa: la violación de una mujer y la doble condena que recae sobre ella: por un lado, la falta de justicia y, por el otro, su transformación en un monstruo. En su paradigmático ensayo *La risa de la medusa. Ensayos sobre la escritura*, la teórica Hélène Cixous (1995) se apropia de ese mismo mito fundacional de la imaginación occidental. En su lectura del mito de Perseo y Medusa, esta autora subvierte radicalmente su significado:

> Nos han inmovilizado entre dos mitos horripilantes: entre la Medusa y el abismo [...] Peor para ellos si se desmoronan al descubrir que las mujeres no son hombres, o que la madre no tiene pene. Pero, ¿no les favorece ese miedo? ¿Lo peor no sería, no es, realmente, que la mujer no esté castrada, que le baste con dejar de oír las sirenas (pues las sirenas eran hombres) para que la historia cambie de sentido? Para ver a la medusa de frente basta con mirarla: y no es mortal. Es hermosa y ríe (1995: 21).

16

A través de un acertado revisionismo, Cixous nos invita a volver a pensar ese poderoso símbolo desde otra perspectiva: la mujer-monstruo a la que no se podía mirar de frente, en realidad, estaba sonriendo. Y nos anima a bailar sobre los restos de una cultura logocéntrica y patriarcal que ha condenado «lo femenino» asociándolo a lo monstruoso desde tiempos inmemoriales.

Pero ¿qué es «lo femenino», más allá de lo anatómico, en la escritura femenina, según Hélène Cixous? De acuerdo con su propuesta, sería un tipo de escritura que también incluye la obra de Jean Genet. Es decir, un sujeto de escritura no limitado por los condicionantes de sexo y género, donde no hay lugar para los esencialismos o la dicotomía hombre/mujer. En su teoría, los vínculos entre cuerpo, lenguaje y escritura, y entre sexualidad, libido y literatura, giran en torno a especulaciones sobre la gramática y la sintaxis donde predomina el interés por el estilo y la eficacia, digamos, simbólica, de la escritura, más allá de las cualidades narrativas. Una propuesta teórica elegante y astuta en sus tesis, aunque algo críptica por la intensidad lírica que contamina su propio estilo ensayístico con demasiados juegos gramaticales y de sentido. Sin embargo, necesitamos rescatar su mirada cómplice, su intercambio de sonrisas con ese monstruo en apariencia tan temible. Y su relectura del mito de Medusa, que representa tanto la cultura de la violación como la misoginia que ha identificado la diferencia femenina con lo abyecto, lo anormal y lo monstruoso, nos iluminará el camino durante los capítulos que configuran este libro. En él re-encarnaremos a la Gorgona como sacerdotisa virgen, como monstruo con cabellos de víbora y mirada paralizante, y a lo monstruoso como un signo de identidad feminista de nuestra época.

## 2. Lo monstruoso como política identitaria

Desde Frankenstein de Mary Shelley, pasando por Carmilla, la desafiante vampira lesbiana creada a la sombra del Romanticismo por Sheridan Le Fanu, hasta el robot que suplanta a María, la heroína de *Metrópolis* (Fritz Lang), la paradigmática película expresionista de 1927, y, finalmente, llegando hasta las cíborgs omnipresentes en las películas y series contemporáneas de televisión, es evidente que los monstruos han sido resignificados a lo largo de las épocas y que han llegado hasta aquí para quedarse, tanto en la teoría y en la ficción más sublime como en los productos culturales de consumo popular.

Y quizás esta omnipresencia de los monstruos exprese una nueva imaginación especulativa, hija del espíritu de la época —la cuarta ola del feminismo, el movimiento #METOO en EE. UU. o el #NiUnaMenos en Hispanoamérica—; así como una continuidad con la nueva ola de la ciencia ficción de los setenta y los ciberfeminismos de los ochenta y noventa, y sus herederas —las teorías de vanguardia cultural y los poshumanismos en diálogo con las diferentes formas contemporáneas de la ficción: la literatura, el arte, el cine y las series de televisión—.

En esa convergencia entre teoría y ficción, avanzaremos desde ese cenagoso territorio que alambramos de manera infructuosa con el nombre «teoría cultural», de la cual, a lo largo de más de cuatro décadas, la investigadora y ensayista Donna Haraway ha venido desarrollando una ecléctica bibliografía. Algunos de sus conceptos como «monstruos» y «figuraciones feministas» funcionarán como hitos en este mapa, guía de ruta teórica a lo largo de varios capítulos del presente libro. En ella nos inspiramos, sobre todo, para reflexionar sobre el concepto de monstruo, más allá de su amplio espectro de características, tanto en la ficción como en la taxonomía científica. La tarea de Haraway parece a primera vista un terreno minado por su aparente complejidad. Pero, en realidad, es bastante transparente en su objetivo principal: poner en evidencia la construcción discursiva de la naturaleza como «lo otro» en los relatos de colonialismo, racismo, sexismo y dominación de clase de todo tipo para preguntarse: ¿Qué otra relación, además de la instrumentalización y el sometimiento, podemos tener con ella?

Así, la teoría deviene una ciencia ficcional, destinada a orientarse hacia un lugar especulativo-factual para analizar y especular con la relación entre naturaleza y cultura fuera de los binarismos, como sujeto/objeto, hombre/mujer o logos/*pathos*, que organizan nuestro pensamiento. Por eso, los monstruos que ha reivindicado Haraway nada tienen que ver con el imaginario del terror, la mitología y/o la teratología. Al contrario, los monstruos son los sujetos que no se adaptan a las ilusiones de la identidad, ni naturales ni culturales, es decir, todos los que no se acomodan a una determinada identidad prefijada por su entorno social. Son los monstruos que configuran la familia de Haraway: cíborgs, primates, oncoratones, coyotes, perros, organismos simbióticos microcelulares. Y que funcionan como lo que ella misma denominó «figuraciones feministas»: conceptos, neologismos, claves para construir, destruir y volver a construir una historia cultural de lo que Occidente ha entendido como «naturaleza». Tanto este concepto de monstruo como sus últimos desarrollos en torno al debate sobre el Antropoceno y la actual crisis ecológica serán protagonistas de este volumen.

## 3. El género, los géneros y los nuevos territorios de la imaginación

> El hijo es un Narciso,
> si en cambio es una niña
> abre una grieta
> en la imaginación.
>
> María Salgado, *Salitre*

Es un hecho ampliamente comprobado que el realismo psicológico, tanto en la narrativa como en el cine y en la television, sigue siendo el estándar de la calidad literaria a pesar de nuestros ecléticos imaginarios en el siglo XXI.

La literatura de la imaginación ha ocupado desde siempre un lugar menor, representado en la actualidad en el lugar de «nicho» que se asigna a los géneros de la ficción especulativa, como la ciencia ficción, la distopía y el terror. Sin embargo, una celebrada autora de estos géneros supo subvertir esta cuestión, invirtiendo la pregunta de por qué la fantasía solo atraería a un público infantil-juvenil:

> Entre sus ancestros del género están los cuentos folklóricos y los mitos, las novelas épicas de la Edad Media, y Ariosto, y Tasso, y muchas fantasías del siglo XIX y demás. Esta literatura es accesible para cualquier lector. La pregunta que habría que hacerse, quizás, no es por qué la fantasía seduce tanto a niños como a adultos, sino por qué el realismo atrae sólo a los adultos. ¿Habrá algo equivocado en el realismo, algo se habrá perdido? (Le Guin, 2004).

Así respondía la infatigable Ursula K. Le Guin durante la primera entrevista que concedió al periódico argentino *Página 12* a la pregunta sobre la presunta edad promedio de los lectores de fantasía y ciencia ficción. En esta pregunta, para nada retórica, que la consagrada autora lanzó como respuesta a aquella cuestión, latía uno de los grandes temas que afectan al territorio de la ficción especulativa, la ciencia ficción o la fantasía épica. Un terreno que, en los sesenta, cuando Le Guin empezó a publicar, aún estaba minado de virilidad y de una trasnochada fe en el progreso indefinido. Un campo de batalla de épica alienante que ella, al igual que otras autoras como Joanna Russ, Octavia Butler y, más adelante, Angela Carter en la literatura anglosajona de los setenta y los ochenta, subvirtieron con sensibilidad antropológica y astucia poética, augurando la especulación sobre el género y los condicionamientos sexuales en sus elegantes y nada panfletarios imaginarios de política-ficción.

«¿Habrá algo equivocado en el realismo, algo se habrá perdido?». A pesar de la muerte de Le Guin, ocurrida recientemente, esta pregunta sigue latiendo en nosotros, sus lectores, como un monstruito oculto debajo de nuestras camas, haciéndonos contener la respiración hasta que nos quedemos dormidos. Y es uno de los ejes centrales de lo que consideramos el «asalto especulativo» a la imaginación contemporánea que analizaremos en diferentes capítulos.

## 4. HACIA UNA NUEVA IMAGINACIÓN FEMINISTA: EL MONSTRUO NO MURIÓ, ESTÁ MUTANDO

A lo largo de este ensayo nos hemos propuesto establecer nuevas genealogías, nuevos orígenes, analizando esa pulsión estética que cuestiona la genealogía oficial, canónica y patriarcal de la historia de la literatura, entendiendo por 'genealogía' lo que propuso el filósofo Friedrich Nietzsche en su *Genealogía de la moral* (1887): una metodología histórica en la que se evidencie que el origen de las creencias filosóficas y sociales depende del juego de fuerzas con historias alternativas y subversivas de su desarrollo. De esta manera, entenderemos una pulsión creativa manifestada en obras de ficción en la literatura, el arte y el medio audiovisual que no solo anima a contemplar, sino a desobedecer las jerarquías del conocimiento dado y a preguntarnos: ¿Cómo se escribe la historia de la literatura y el arte? ¿Cómo se construye el canon? ¿Desde qué criterios?

Quizás la labor de la crítica no sea ofrecer respuestas concluyentes a estas cuestiones, sino calibrar nuevas preguntas, como las que se plantearán en este libro en torno a los imaginarios contemporáneos de lo monstruoso y las distopías en la ficción literaria, artística y audiovisual. Ojalá para esbozar otros horizontes, otras genealogías, más inclusivas y, ojalá, más emancipadoras.

Con tal objetivo, a continuación, comenzaremos esta labor genealógica en el capítulo «Cadáveres que hablan: de las *revenants* góticas al *slasher* feminista». En él analizaremos la instrumentalización de la imagen icónica del cadáver de una joven muerta en la cultura audiovisual, así como las obras de autoras no tenidas en cuenta en el canon hispano y latinoamericano y que recién están siendo reeditadas y revalorizadas en los últimos años. Por ejemplo, las autoras españolas Emilia Pardo Bazán y Carmen de Burgos o la chilena María Luisa Bombal, escritoras y pioneras, que exploraron las oscuras aguas de la literatura gótica y las *revenants* femeninas, adelantándose varias décadas a fenómenos como el realismo mágico.

Desde esa genealogía, dibujaremos un arco narrativo que llegará hasta la presente década con la subversión de un subgénero del terror más popular, el *slasher*. Por eso, este recorrido nos llevará desde la contemplación elegíaca de personajes como la Ofelia hierática y la pasiva Leonor, la novia muerta en Edgar Allan Poe, hasta las reescrituras del terror en la parodia y el pastiche posmoderno en los cuentos de Carmen María Machado y los films de Ana Lily Amirpour y Karyn Kusama con Diablo Cody. Aquí los cuerpos femeninos se convertirán en una fiesta, a través de una estrategia de apropiación e inversión simbólica del personaje de la víctima.

Sin embargo, a pesar del tono celebratorio y humorístico, estos discursos no dejan de denunciar y visibilizar las numerosas manifestaciones de las violencias de género. Esos múltiples cadáveres femeninos que vuelven para hablar desde la crónica latinoamericana, también se harán presentes en esa incisiva radiografía de los feminicidios de las últimas décadas en la escritora argentina Selva Almada. Una sutil puerta de entrada al tema que abordaremos en el tercer capítulo: «Capitalismo gore y nuevo gótico hispanoamericano». El capitalismo gore es un concepto acuñado por Sayak Valencia (2010), y deudor de la necropolítica en la teoría poscolonial, para entender las nuevas expresiones de la violencia que articulan, con gran ambición estética, una nueva ola de ficciones. Estas se expresan en la obra de autoras de diferentes latitudes como España, Ecuador, Argentina, México, República Dominicana, Uruguay y otros países de habla hispana. Un fenómeno que ya poco puede envidiarle al *boom* latinoamericano y que está alentando nuevos imaginarios, nuevos monstruos y nuevas aproximaciones a la distopía en autoras como Samanta Schweblin, Mónica Ojeda, Mariana Enriquez, Liliana Colanzi o Rita Indiana, así como nuevas mitologías especulativas que revisan el pasado, cuestionan el presente e iluminan el futuro especulativo a la luz incandescente de un nuevo gótico hispanoamericano.

Más adelante, en el cuarto capítulo, «La nueva caja de Pandora: maternidades especulativas», esa labor genealógica continuará con la recuperación de otra escritora olvidada del canon anglosajón y pionera de la ciencia ficción y el terror, como Mary Shelley. Dignas herederas de los monstruos de la razón romántica, las paradojas prometeicas de la ansiedad de nuestra especie ante su propia creación han mutado desde aquella paradigmática novela hasta el presente. La amenaza de la vida artificial, creada a través de un puzle de otros cuerpos, así como la persecución de aquel monstruo mítico que asedia a su creador persiguiéndolo hasta el Polo Norte, pasando por la partenogénesis en un ejercicio de ficción especulativa que mira a otras especies con las que convivimos, como el mundo vegetal, marcaron la imaginación gótica del siglo XIX y comienzos del XX. Su continuidad se expresa en la incertidumbre ante la posibilidad de la reproducción asistida y sus innumerables manifestaciones en la imaginación razonada del presente. Así, la nueva caja de Pandora es el útero como sinécdoque del cuerpo, y las múltiples posibilidades que abre la reproducción asistida en diferentes ficciones dibujan un arco que conecta al siglo XIX con las nuevas expresiones del ciberpunk más posmoderno.

Si la soberanía reproductiva y la posibilidad de generar vida de forma artificial ha dado lugar a una nueva caja de Pandora, un objeto que no se sabe cómo manipular en beneficio propio a los ojos de una ciencia patriarcal, en «Ciberfeminismos: el vértigo de las nuevas mitologías», el capítulo cinco, presentaremos un mapa de la teoría cultural que ha cuestionado las bases logocéntricas y patriarcales del mismo discurso científico: los sucesivos ciberfeminismos. Desde el cíborg presentado como metáfora y síntoma de una nueva relación con la ciencia, según Donna Haraway en los ochenta, hasta la convergencia del xenofeminismo contemporáneo con algunos principios del aceleracionismo, los ciberfeminismos acunan en su interior una serie de postulados donde monstruos y distopías adquieren nuevos sentidos tanto en la literatura como en la ficción popular de las series televisivas y el cine.

Esos son los territorios que recorreremos en los últimos capítulos. La proliferación contemporánea de imaginarios sobre el fin del mundo y la distopía expone nuestra incertidumbre ante la conciencia compartida de la inminente catástrofe ecológica y civilizatoria. Estos discursos expresan de un modo más pertinente la metafísica de nuestra época. Sin embargo, más allá de las tesis del realismo capitalista y la falta de alternativas ideológicas al neoliberalismo promulgado por Mark Fisher (2014), otras corrientes contemporáneas, como el feminismo especulativo, alumbran nuevas versiones sobre la antiquísima idea de «fin del mundo». Un territorio del futuro cercano donde, de acuerdo con algunas teorías y obras de ficción que analizaremos, el fin no es un límite, sino una frontera que abre una nueva continuidad. Y el fin de los fines no es sino la excusa para nuevas alianzas y horizontes posibles más allá de los límites de lo humano, como plantearemos en el capítulo seis, «Contra el futuro: la distopía como redención».

Sobre la reapropiación y asignación de nuevos sentidos a los monstruos mitológicos del pasado legendario, para reinscribirlos en sus singulares discursos estéticos del presente, tratará el capítulo siete, «Espejos y ventanas al futuro cercano: monstruos y distopías en el arte contemporáneo». Aquí analizaremos un conjunto de artistas contemporáneas originarias de España, Lituania e Irán. Desde el lenguaje de la escultura, la instalación, la *performance*, la pintura, la realidad virtual y el videoarte, ellas señalan la emergencia de un nuevo mito en Occidente y Oriente: la ciencia y las nuevas tecnologías. En su relación estética con la inmediatez del inminente desastre y de un futuro cercano asolado por la incertidumbre, estas artistas evocan un juego de espejos y ventanas, proyecciones hacia afuera, a la vez que miradas intimistas que se reapropian y dialogan con la poesía oscura del Antropoceno.

De esta manera, a lo largo de esta sucesión de siete capítulos, compartiremos una peripecia entre la ficción y la teoría con la que ofreceremos un descubrimiento, una intuición: el monstruo no murió, está mutando. Y en su continua transformación, estas nuevas reencarnaciones alientan la posibilidad de concebir otros horizontes, otras genealogías, otras mitologías que nacen y mutan en un acto contradictorio, el rescate del pasado legendario y mitológico a la vez que una proyección, una fuga hacia adelante, hacia ese futuro cercano tan temido, hacia una nueva imaginación especulativa.

# Capítulo II

# Cadáveres que hablan: de las revenants góticas al slasher feminista

And all that you held sacred, falls down and does not mend
Just remember that death is not the end
Not the end, not the end
Just remember that death is not the end

Bob Dylan, *Death Is Not The End*

## 1. Las que vuelven: de Ofelia a las *revenants* contemporáneas

«La muerte de una mujer hermosa es, incuestionablemente, el tema más poético del mundo». Esta sentencia fue formulada por Edgar Allan Poe en 1846 en su *Filosofía de la composición* al respecto del cadáver de Leonor, la amada muerta. Sobre ella reflexiona a manera de elegía el protagonista de su poema más famoso, *El cuervo,* analizado en ese ensayo donde el escritor presentó su propia poética. Precursor de géneros populares contemporáneos como el policial, el suspense y el terror psicológico, Poe presentó en su *Filosofía de la composición* una prescriptiva con reflujos de un romanticismo oscuro y sórdido. El cadáver de una mujer joven y hermosa funcionó como puente emocional para conectar con sus lectores.

Aunque el siglo XIX fue una época menos interconectada y bombardeada de imágenes que la nuestra, los orígenes de la industria cultural y la cultura de masas, como la conocemos ahora, estaban empezando a forjarse en la segunda mitad de ese siglo. La emergencia de los grandes emporios periodísticos, los diarios de tirada masiva y la eclosión de la literatura folletinesca, con publicaciones seriadas, se produjo en el tiempo en el que escribió Poe. Y, por lo tanto, esa imagen, el cadáver de una mujer joven, sigue siendo un dispositivo narrativo con hondas raíces en los orígenes de la industria cultural que aún funciona en el presente.

Simultáneamente a la época de Edgar Allan Poe, la imagen de Ofelia, la trágica heroína shakespereana, hierática, ahogada en el río, era representada de forma paradigmática al otro lado del Atlántico. En *Ofelia* (1852), el prerrafaelita John Everett Millais auguraba también la representación de la joven muerta. Y es una de las imágenes más viralizadas de la historia del arte que teje una tradición que llega a nuestra época. Por ejemplo, en los retratos policiales en blanco y negro del cadáver de Elizabeth Short, apodada como La Dalia Negra por la maquinaria amarillista del emporio Hearst a fines de los años cuarenta. Joven, bella, frágil, la imagen de esta víctima de un truculento asesinato sigue alimentando la imaginación morbosa de las audiencias. Desde el cadáver de Leonor, junto con el rostro hierático de Ofelia, hasta el cadáver descuartizado de La Dalia Negra, según la representación artística más sublime a la documentación de realidad policial más perturbadora, la imagen icónica del cadáver de una joven muerta ha alentado durante siglos la fascinación de la ficción tanto literaria como audiovisual.

Acercándonos al presente, el cadáver de una mujer joven también es la metáfora de todo lo que está podrido en un pueblito en el que nunca pasa nada, como en la serie paradigmática de los años noventa y que popularizara la obra de David Lynch más allá de los circuitos del cine de culto: *Twin Peaks*. El descubrimiento del cadáver de una mujer hermosa también inauguró la primera temporada de una de las series más populares de la primera década del siglo xxi. En medio de descampado, un grupo de policías está rastrillando una zona cercana al delta del Bayou, en el río Misisipi, en el sur profundo de Estados Unidos. Desnuda, sentada sobre sus rodillas y atada a un árbol, en posición de penitencia, encuentran el cadáver de una joven con una cornamenta de ciervo en la cabeza. La imagen tétrica de este cadáver de una prostituta, decorado con un inquietante folklore satanista, será el impulso para que los dos detectives, Rust Cohle (Matthew McConnaughey) y Mart Hart (Woody Harrelson) inicien una investigación y una relación magnética entre ambos que hizo que *True Detective* (2013-2016), la serie de televisión creada por Nick Pizzolato, se convirtiera en uno de los fenómenos más populares de la década pasada.

Sin embargo, esta tradición que nos bombardea con el cuerpo muerto, pasivo, casi siempre violentado, de una mujer joven y bella, también convive con otra genealogía. Una larga tradición de cadáveres de mujeres muertas que, a diferencia de los anteriores, son cadáveres que hablan. Mujeres muertas, *revenants.* El origen filológico de *revenant* designa a «alguien que vuelve después de la muerte o de una larga ausencia». Es un concepto prestado del francés que se formó originalmente a partir del participio presente del verbo revenir («volver»). Por eso, *revenant* significa literalmente «el que regresa», ya sea de otro lugar o de la muerte.

Cruzando el Atlántico, la obra de inspiración gótica de la escritora española Emilia Pardo Bazán estaba lejos en geografía de los efluvios románticos de Edgar Allan Poe, pero cerca en otros aspectos, en otros imaginarios literarios. En este sentido, su relato «La resucitada» (1908) podría considerarse un precursor de esta otra tradición de la literatura gótica, la de las *revenants* que hablan. Su protagonista es Dorotea de Guevara, una mujer que se despierta de la muerte en su propio sepulcro e intenta volver a integrarse en la vida previa a su fallecimiento. Sin embargo, se encuentra con un problema evidente: su familia, en vez de celebrarlo, la recibe con terror. Con aptitud para la intriga psicológica y para detonar profundos sentimientos del terror en sus lectores, Pardo Bazán creó así a la primera *revenant* de la literatura hispánica.

Casi cuatro décadas después, la novela *La amortajada* (1938), de la escritora chilena María Luisa Bombal, retoma esa tradición, trayéndola a su presente. En esta novela, su protagonista es la difunta Ana María, la voz narradora que realiza un recorrido por sus recuerdos a medida que sus familiares y conocidos la visitan para despedirse de sus restos mortales en su lecho de muerte. Una novela seminal, con su ambigua indistinción entre vida y muerte, realidad y ficción. Inspiradora de la obra de un autor paradigmático como Juan Rulfo, sentaría las bases de una manera visionaria del *boom* latinoamericano y del realismo mágico que alcanzaría reconocimiento internacional unas décadas después.

La *revenant* es también uno de los temas centrales de *Espectra. Descenso a las criptas de la literatura y el cine* (2004) de Pilar Pedraza, escritora y experta en el terror gótico y otros géneros cercanos en la literatura y el cine. En este libro publicado por la mítica editorial Valdemar (que en su nombre homenajea al mismo Edgar Allan Poe y *El extraño caso del señor Valdemar*) analiza un amplio espectro del arquetipo de la mujer muerta: desde la vampira sensual a la amazona que muere entre los brazos del héroe que la ama o la esposa añorada por su viudo hasta la locura. Pero quizás lo más interesante de su análisis sea su indagación en las precursoras, las referentes hispánicas de escritoras que cobijaron a los monstruos de la razón en sus historias. En esta tradición, Pedraza también menciona a la precursora Pardo Bazán, así como a Carmen de Burgos, autora de otra novela paradigmática pero poco conocida, *La mujer fría* (1922).

Además de una pionera al convertirse en la primera corresponsal de guerra española, de Burgos escribió un hito en la literatura sobrenatural hispánica y otra curiosa alegoría de ese deslumbramiento con el cuerpo de la mujer muerta. En este sentido, *La mujer fría* plantea un puente entre dos imaginarios que definieron la sensualidad femenina contemporánea: el imaginario decadentista en convergencia con el volátil pensamiento de las vanguardias. Así, la protagonista de esta novela encarnó dos tópicos románticos, tamizados por el espíritu del fin de siglo y el decadentismo, como eran el arquetipo de la mujer fatal y el de la vampira. Sin embargo, la mujer «fría» del título era un sujeto independiente, sofisticado y elusivo, además de exhibir a la mujer como «construcción verbal, artificial», como señala Pedraza en su incisivo trabajo genealógico.

Como epígonos contemporáneos, a lo largo de las décadas se han realizado inquietantes actualizaciones de este tópico, y no solo en la ficción. Una muestra de ello es el fascinante *Chicas muertas* de Selva Almada (2014). A través de una prosa aséptica, con precisión cirujana, nos relata los tres casos de feminicidios que asaltaron los titulares cuando ella era una adolescente en su Entre Ríos natal, una provincia del noroeste argentino. Los casos de Andrea (asesinada a puñaladas mientras dormía), María Luisa (cuyo cadáver fue encontrado abandonado en un terreno baldío) y Sarita (que desapareció mucho tiempo atrás sin que aún se sepa su paradero ni se haya encontrado su cuerpo) configuran una casuística forense sin recurrir a los resortes emocionales de la crónica policial o el *thriller* psicológico. Almada consigue un sutil efecto entre la ambición literaria y la conexión emocional, enhebrando la investigación sobre tres casos de violencia de género con su propia biografía de un modo que arrastra al lector hasta una realidad más brutal. Esa en la que la violencia machista está enquistada, en esa Argentina rural y sórdida que relata con tanta precisión poética. Aunque en este caso sus protagonistas no sean *revenants*, su muerte y su sufrimiento y, sobre todo, la falta de justicia en la resolución de sus casos, vuelven a asediarnos. Estas *revenants* viven en la agenda feminista latinoamericana, desde Ushuaia hasta Ciudad Juárez, buscando algún tipo de redención, algún tipo de resolución.

Esta es la contracara, la otra genealogía del cadáver de una mujer joven (Leonor, Ofelia y los cadáveres femeninos que inspiraron a los románticos y los decadentistas) presentado como dispositivo narrativo, como disparador de la intriga. Aquí los cadáveres femeninos hablan, son *revenants* que vuelven de la tumba para subvertir, con el don de la palabra, la pulsión tanática, alimentada por siglos de misoginia de ese ideal de belleza basado en la contemplación de la pasividad femenina tanto en la literatura, la pintura, el cine y la televisión desde tiempos ancestrales.

## 2. Entre la leyenda y la historia: las vampiras del pasado y el presente

Otro caso afín a las *revenants* que vuelven de la muerte para asediar a los vivos proviene del folklore de Europa del Este. Y es la singular mutación de un mamífero volador chupasangre en uno de los íconos más seductores de la cultura pop contemporánea. A lo largo de los siglos, las modas y las sucesivas agendas políticas, la imagen icónica del vampiro ha sido recontextualizada tanto en la literatura y en el cine como en la televisión, adaptándose a un ecléctico espectro de significados que nos dice más sobre nosotros mismos que sobre este personaje a medio camino entre la historia, la leyenda y la ficción.

Popularmente, se cree que la inspiración para la creación del vampiro más famoso fue Vlad, el Empalador, un temible *warlord* transilvano embarcado en las Cruzadas religiosas contra el Islam de la Edad Media. Sin embargo, en realidad antes que él, hubo un antecedente documentado históricamente. Erzsébet Báthory, llamada «la condesa sangrienta», fue la practicante del vampirismo en vida más célebre de la que haya constancia: torturó y asesinó a más de 650 jóvenes en los calabozos de su castillo con el fin de bañarse en su sangre para conseguir el milagro de la eterna juventud. Y, al igual que el sonido batiente de las alas del conde transilvano, la leyenda de esta noble húngara del siglo xvi se extiende hasta el presente.

En la década de los sesenta, la escritora Valentine Penrose se documentó acerca de un personaje real e insólito y escribió con una intensa prosa inspirada por los epígonos del surrealismo *La condesa sangrienta*, publicado por primera vez en 1962. Una obra sobre la que la poeta Alejandra Pizarnik afirmó:

> Sin alterar los datos reales penosamente obtenidos, los ha refundido en una suerte de vasto y hermoso poema en prosa. La perversión sexual y la demencia de la condesa Báthory son tan evidentes que Valentine Penrose se desentiende de ellas para concentrarse exclusivamente en la belleza convulsiva del personaje (2009: 7).

Además, la misma Pizarnik también se dejó atrapar por la historia y la leyenda de la siniestra condesa húngara, que le sirvió de inspiración para su relato *La condesa sangrienta*, publicado por primera vez en 1966. Un poco más cerca del presente, la alargada sombra de la primera «vampira» y asesina serial fue reencarnada en una película de la actriz y directora July Delphy, *La condesa* (2009), donde ella misma interpretó a la temible vampira.

Por otro lado, siguiendo con esta genealogía, centurias después de que el reino sanguinario de Erzsébet Báthory se instaurara en la sala de torturas de su castillo medieval y en nuestra imaginación, se dio vida a la primera vampira literaria de ficción. Publicada el mismo año de su muerte, en 1872, *Carmilla* fue escrita dos décadas antes que la historia de vampiros más popular, *Dracula* (1897). Y, a diferencia de aquella novela epistolar de Bram Stoker, *Carmilla* está narrada por una joven víctima de una vampira que da nombre a la novela. La trama transcurre en un alejado castillo de Austria, donde vive Laura, una solitaria joven aristócrata con su padre. Durante un paseo, un carruaje pierde el control y son testigos de un accidente. En el carruaje viajan una madre y su hija. La madre sigue con su viaje a pesar del imprevisto, pero Carmilla, su hija, quedará a cargo de Laura mientras se cura de una rara enfermedad. Y así, la irrupción de la bella y seductora Carmilla interrumpe la aburrida vida de Laura y encarnará todos los peligros de lo que más tarde se conocerá como *femme fatale*. Y Laura se rendirá ante sus encantos, contagiándose de ese ser etéreo y esquivo, que no es más que una malvada reencarnación del pecado. Así describe Laura sus sentimientos en los inicios de esa nueva amistad:

> Los síntomas de la misteriosa enfermedad habían comenzado hacía tres semanas, y ya se hacían visibles en mi aspecto: estaba pálida, ojerosa y tenía las pupilas dilatadas [...] No me dolía nada, ni experimentaba ningún malestar físico. Daba por supuesto que todo era producto de mi imaginación o de mis nervios, y mantenía en secreto mi sufrimiento (Le Fanu, 2023: 50).

A través de la confluencia de lesbianismo, suspense gótico y efluvios decadentistas, *Carmilla* inauguró un nuevo imaginario al encarnar en una dama de alta cuna a la primera lesbiana vampira que no titubea en expresar sus impulsos románticos homosexuales hacia la otra protagonista. Carmilla es un anagrama de Mircalla, el nombre verdadero de Carmilla: Mircalla, la condesa Karnstein. Este personaje inicia, en un juego de espejos e identidades invertidas, la futura relación de la sangre con la ansiedad, el deseo y, por supuesto, las paradojas de la vida eterna.

Tomando la posta de la pionera novela de Le Fanu, más de un siglo después, en su novela *La sed* (2020), Marina Yukzuck cuenta la historia de Alma, una mujer, en el Buenos Aires contemporáneo, cuyo destino se cruzará con el de una vampira europea que desembarcó en la ciudad porteña a principios del siglo XIX. En la primera parte, conoceremos a la vampira, sus periplos, así como sanguinarios episodios históricos, las epidemias de fiebre amarilla o la guerra de la Triple Alianza. Su historia transcurrirá paralela a la de Alma, recién separada, con un hijo a su cargo y su madre con una enfermedad terminal. La evolución de la enfermedad y el descubrimiento de un secreto familiar unirán ambas tramas.

Sin embargo, a pesar de estas reencarnaciones literarias, quizás ha sido en el cine donde la vampira ha hecho su aparición más fascinante y ecléctica en los últimos años. A través de un título que sugiere exactamente lo opuesto a lo que se refiere, *Una chica vuelve a casa sola de noche* (2014), el celebrado debut de la directora iraní Ana Lily Amirpour lo demuestra. A través de este film ofreció un personaje que en su anonimato arquetípico («La chica») reúne bajo su nombre a todas las mujeres que sufren alguna forma de subalternidad. La película está ambientada en la ciudad fantasma *Bad City* y cuenta las andanzas de una joven vampira musulmana en un wéstern en blanco y negro que bebe tanto del género del videoclip como de Tarantino, Jarmusch, Ferrara y John Hughes. Con sugestivos diálogos en farsi, este film evoca una historia de venganza, pero también de perdón y redención, como afirmó David Remartínez:

> *Una chica vuelve a casa sola de noche* se cobra pues justa venganza de Rousseau, Voltaire, Ruthven, Freud, Jesucristo, Jack el Destripador y Trump, pero venganza simbólica, sin rencor. Amirpour no permite que el miedo supere a la diversión, lo cual no hace sino agrandar su gesto, pues en lugar de mirar hacia atrás y reclamar toda la sangre de sus compañeras muertas, abre la noche a otra época de igualdad. La Chica se acerca lentamente al cuello de Arash, drogado y ridículamente disfrazado del viejo Drácula... pero no le llega a morder. Solo apoya sensualmente su cabeza en él (2021: 175-176).

Desde las truculentas huellas del infierno subterráneo de la condesa Báthory al debut de Amirpour, la sangre de las vampiras, ese plasma monstruoso alimentado por otras sangres, parece parafrasear la gastada metáfora del mito cristiano: «Sangre de mi sangre, carne de mi carne». Un delta púrpura que arroja información sobre cada uno de los contextos políticos y los formatos artísticos que los adaptaron, en una eterna operación de recontextualización donde, una vez más, las vampiras laten al ritmo vertiginoso del plasma que alimenta las entrañas de la siempre hambrienta cultura popular.

## 3. CARNE DE MI CARNE: CANÍBALES EN LA FICCIÓN CONTEMPORÁNEA

La práctica ritual de comerse a otro ser humano tiene una larga historia cultural. Algunos dicen que es lo que nos diferenció de los neandertales, cuya práctica de la antropofagia está documentada. «Caníbal» fue el nombre que los conquistadores españoles asignaron a los indígenas que se encontraron en el Caribe. También se dice que tanto los aztecas como los guaraníes lo practicaban después de ganar una batalla como una manera de consumir la fuerza del enemigo. Un antecedente que siglos después recuperaría Marvel en el personaje de Rogue, la X Men que absorbe los poderes de los demás, aunque sin necesidad de engullirlos primero. Una transferencia de poder que también se sugiere en el dogma católico de la transustanciación de la carne, la transformación del pan y el vino en el cuerpo y la sangre de Cristo, el ritual católico que inicia al bautizado a través de la comunión con Dios.

Algo así como una transformación metafórica de la carne en poder es lo que sucede en *The Neon Demon* (2016), la película de Nicolas Winding Refn. Al igual que en *Drive* (2011), nos cuenta una fábula contemporánea, esta vez sobre el narcisismo y la obsesión con la belleza y la juventud. A pesar de una irritante falta de ritmo narrativo, todo su impactante lenguaje visual nos sumerge en ese inquietante corazón de las tinieblas que es el mundo de la moda. Un universo donde diseñadores jibarizan cabezas de modelos, los fotógrafos poseen sus cuerpos mientras las jóvenes se devoran las unas a las otras, literalmente. Y todo presentado con una cuota de humor negro a través de manierismo gore de alta costura.

Otra ficción que fusiona una historia de iniciación con el canibalismo y la obsesión promovida por una industria es «Carne», un relato de Mariana Enriquez, del libro *Los peligros de fumar en la cama* (2017). Dos adolescentes obsesionadas con un ícono de la música pop se proponen encarnar su estribillo más célebre («Si tenés hambre, comé de mi cuerpo. Si tenés sed, bebé de mis ojos») como un medio de trascender su muerte física. El relato está contado con la distancia técnica de la tercera persona, en un registro que imita la crónica periodística y que permite digerir mejor esta fábula sobre el fanatismo juvenil, a la vez que una sutil parodia de la transustanciación eucarística.

Finalmente, en *Crudo* (2016), el debut cinematográfico de Julia Ducournau, Justine, su protagonista, proviene de una familia de vegetarianos y veterinarios. Sin embargo, durante el ritual de paso que es el ingreso en la universidad, descubrirá su propia identidad. Y este hallazgo será detonado por una novatada universitaria. Un ritual que se volverá ansiedad cotidiana y romperá no solo con los valores familiares, sino también con tabúes culturales. Tanto *The Neon Demon* como «Carne» y *Crudo* son fábulas de iniciación en las que tres jóvenes, ya sean víctimas o agentes empoderadas como Justine (un nombre con evidentes reminiscencias sadianas), nos presentan diferentes versiones de la antropofagia como ritual de iniciación en un salvaje y cruel mundo adulto.

## 4. Sus cuerpos y otras fiestas feroces: la carnavalización y el *slasher* feminista

El elogiado debut de la escritora norteamericana de ascendencia cubana Carmen María Machado, *Su cuerpo y otras fiestas* (2018), es un libro de relatos con una inusual consistencia orgánica. A través de una evidente vocación lúdica, Machado trasvasa la ciencia ficción, el terror, la comedia y el realismo psicológico para explorar las diferentes violencias, tanto físicas como discursivas, en los cuerpos de las mujeres de una manera impactante e inventiva. El relato de apertura, «La puntada del marido», cuenta la historia de una mujer que debe disuadir a su marido de desatar la misteriosa cinta verde que nunca se saca de alrededor de su cuello. «¿Por qué quieres ocultarlo?», pregunta el marido alegando que un matrimonio no debe guardar secretos. «No lo estoy escondiendo. Solo que no es tuyo», le responde la narradora. El título del cuento remite a una «broma» oscura de la ginecología: se refiere a la puntada «extra» que se agrega a la «costura» quirúrgica de la episiotomía, para la posterior satisfacción sexual del marido.

En los siguientes relatos, «Las mujeres reales tienen cuerpos» y «Ocho bocados», a pesar de la audacia formal, el tono general de las historias roza lo didáctico moralizante. En el primero se narra una epidemia que provoca que las mujeres se desvanezcan hasta el punto de que una costurera ha empezado a coserles la ropa al cuerpo. Igualmente, en el siguiente relato, la narradora se realiza una cirugía para perder peso y la culpa que siente se manifiesta en la constante presencia de un invitado indeseado en su propia casa. Ambos son metáforas grotescas y bizarras de la anorexia y la obsesión con la perfección de la imagen corporal femenina.

Sin embargo, la ambición carnavalesca y la tendencia al pastiche se manifiesta con brillantez en «Especialmente atroz. 272 capítulos de Ley y orden: Unidad especializada en víctimas». En este cuento largo o *nouvelle*, el famoso programa de televisión estadounidense es presentado a través de unas breves sinopsis de episodios surrealistas, que satiriza cómo la violencia sexual se presenta en horarios de máxima audiencia. Sin duda, es el texto más experimental del libro, dando lugar a una escritura barroca, donde fantasmas, demonios y *doppelgängers* conviven en una Nueva York que «monta sobre la espalda de un monstruo gigante». Finalmente, en el último relato, «Difícil en las fiestas», las secuelas de la violencia real se materializan en una mujer que fue agredida físicamente y descubre que puede oír los pensamientos de los actores de las películas porno que consume.

De tal modo, este abordaje del terror en clave de comedia negra favorece una carnavalización de géneros como el terror y el *weird*, donde los cuerpos de las mujeres jóvenes y guapas suelen ser las víctimas principales del ensañamiento y la violencia. La estrategia de subvertir esa violencia y encarnarla en los monstruos femeninos había sido realizada en la pionera película *Jennifer's Body* (2009), con guion de Diablo Cody (*Juno, Tully*) y la dirección de Karyn Kusama (*The Invitation, Destroyer*). Encarnada por el dúo de las actrices en ascenso Megan Fox y Amanda Seyfred, esta película es una precursora del *slasher* feminista a nivel *mainstream*. Aunque, tanto en España como en Latinoamérica, la prensa puso el foco en la mirada masculina para la difusión y el *marketing* y la llamó *Diabólica tentación*, con un póster donde se ve a Jennifer (Fox) exhibiendo sus largas piernas y luciendo una falda corta en actitud de colegiala. Sin embargo, la mirada que prevalece al interior del film es exactamente la opuesta. *Jennifer's Body* arranca con la escena del agua de una cascada cayendo en un pueblito idílico, que no casualmente se llama *Devil's Kettle* (Caldera del diablo), y en la voz de Needy (Seyfred), que mira directamente a la cámara desde un lugar que parece una cárcel, escuchamos una frase paradigmática: «El infierno es una chica adolescente». Una sentencia que nos dará muchas pistas de lo que sucederá a continuación.

Needy (Seyfred) y Jennifer (Fox) son mejores amigas desde la infancia, aunque Needy sea una *nerd* con pocas aptitudes sociales y la otra, Jennifer, la porrista estrella y el sujeto de las fantasías eróticas de todos los chicos del pueblo. Sin embargo, a lo largo de la película, ambas se convertirán en antagonistas, luego de que Jennifer sea asesinada en un ritual satánico. Este es realizado por los miembros de una banda de *rock indie* que, ante lo difícil de su situación en el mercado musical, han llegado a Devil's Kettle con la excusa de dar un concierto, aunque tienen el oscuro objetivo de asesinar a una joven virgen para realizar un pacto satánico que les traiga el éxito tan deseado. Pero las cosas no irán según lo planeado y, en vez de morir, Jennifer vuelve a la vida convertida en un demonio sanguinario que usará su sensualidad para satisfacer su sed de carne y sangre. La única en descubrirlo será su mejor amiga, Needy, y ambas estarán enfrentándose a través del hilarante guion de esta película juvenil, a medio camino entre el terror y la comedia negra.

El *slasher* es un subgénero del terror cinematográfico caracterizado por su violencia gráfica y el ensañamiento sobre todo con los cuerpos de las mujeres jóvenes, donde un asesino en serie suele perseguir a una heroína, preferiblemente virgen, hasta el final. Su film paradigmático es *Halloween* (1978) de John Carpenter, con Jamie Lee Curtis como la protagonista acosada por Michael Myers, uno de los asesinos seriales de ficción más míticos que haya dado el cine norteamericano. Y por supuesto, la chica guapa y popular será la primera en morir y la virgen la que resistirá hasta el final. Sin embargo, a diferencia del arquetipo de la *Final Girl* o las *Scream Queens* del género del terror, en *Jennifer's Body* este victimismo es subvertido. Y el cuerpo de la protagonista se convierte en instrumento de satisfacción femenina en una comedia negra, llena de guiños humorísticos a tópicos del propio género, así como a las historias de iniciación femeninas. A través de una hilarante metaficción, este film le da una vuelta al género e inaugura el *slasher* feminista.

En conclusión, se manifiesta aquí un desplazamiento desde el cadáver de Ofelia hierática y la contemplación elegíaca de la pasiva Leonor, la novia muerta en Edgar Allan Poe, hasta las *revenants* activas de Emilia Pardo Bazán, María Luisa Bombal y Carmen de Burgos, llegando a estas reelaboraciones a medio camino entre la comedia, el terror, la parodia y el pastiche posmoderno en las obras de Carmen María Machado, Ana Lily Amirpour y Karyn Kusama con Diablo Cody. En consecuencia, los cuerpos femeninos de las *revenants* se convierten en una fiesta, a través de la carnavalización de «todo lo que considerabas sagrado. Se cae y no se repara, la muerte no es el fin», como decía la canción de Bob Dylan que escogimos de epígrafe. Sin embargo, esta celebración feminista corre paralela con otros discursos y lenguajes artísticos que continúan visibilizando las violencias sistémicas que se siguen ejerciendo sobre las mujeres, como veremos a continuación.

# Capítulo III

# Capitalismo gore
# y nuevo gótico hispanoamericano

¿Cuándo llegaría un mundo ideal de hombres y monstruas?

Mariana Enriquez, *Las cosas que perdimos en el fuego*

## 1. DE LAS NECROPOLÍTICAS AL CAPITALISMO GORE

En un zulo sin ventanas, en algún rincón inhóspito y alejado del Japón imperial, una comunidad de mujeres realiza día y noche la misma tarea. Han sido ofrendadas o contratadas por condiciones miserables a un Reclutador a cambio de algún beneficio futuro para su familia, como el cobro de una deuda o el pago de una dote. Cada una de ellas tiene una historia o se inventa una con la que mantener el fuego de alguna esperanza que le permita sobrevivir a las duras condiciones del Taller Fantasma donde trabajan. Luego de haber tomado un brebaje que ha metamorfoseado lentamente sus cuerpos, ahora estas mujeres no pueden hacer más que hilar los delicados hilos de seda que extraen día y noche de sus propias entrañas. En esta comunidad femenina, cada mujer se ha convertido en una Kaiko-joko: «obrera del gusano de seda». Así, en el relato «Hilvanando para el Imperio» de *Vampiros y limones* (2014), la escritora Karen Russell ilustra las condiciones laborales de las mujeres en la industria textil en los países en vías de desarrollo, en una inquietante alegoría sobre la explotación laboral del capitalismo tardío. Uno de los aciertos de este relato es que el tono de fábula milenaria quizás aparece como un filtro elegante para lo que históricamente es una de las formas más infames de la esclavitud contemporánea. A pesar de ser una de las expresiones más contundentes de las biopolíticas del Estado moderno, la esclavitud, como fenómeno asociado a la experiencia del biopoder estatal, quedó afuera de las tesis del filósofo e historiador Michel Foucault, enfocadas sobre todo en formular una arqueología teórica de la emergencia de los sistemas de control de la modernidad europea que todavía nos siguen afectando en el presente.

En orden de criticar y ampliar este dispositivo teórico a las relaciones entre el poder, la soberanía, raza y biopoder, el teórico camerunés Achille Mbembe formuló el concepto de «necropolíticas» para acentuar que el poder del Estado se basó en la experiencia histórica de la colonización y el ejercicio de un singular terror moderno en las colonias europeas: «Todo relato histórico sobre la emergencia del terror moderno debe tener en cuenta la esclavitud, que puede considerarse como una de las primeras manifestaciones de la experimentación biopolítica» (2011: 31). Si bien el concepto de Mbembe sirve para pensar la experiencia de la colonización en el llamado «Sur global», desarrollos contemporáneos expanden esta noción sobre la soberanía del Estado moderno para ejercer su derecho con el fin de administrar no solo la vida, sino la muerte de sus poblaciones en los países colonizados.

A esta forma histórica específica donde convergen tanto las nociones de biopoder como de necropolíticas, la teórica Sayak Valencia (2010) la ha definido como capitalismo gore: «El capitalismo es la muestra de la quiebra del sistema de trabajo, de la radicalización obscena del neoliberalismo, del devenir gore del sistema económico» (2010: 176). Esta noción sirve para entender la manifestación específica del capitalismo tardío en México. Y, por extensión, por algunas características compartidas en otros países en América Latina, en correlación directa con las geopolíticas del narcotráfico, el tráfico de personas, como sinónimos de intercambio y movimientos del capital en épocas de globalización. La radicalización obscena del capitalismo tardío como actualización de las necropolíticas y el biopoder asumen, en las obras que veremos a continuación, la forma de sugestivas distopías. Relatos aciagos de futuros especulativos, donde los cuerpos, el Estado y el capital convergen con la imaginación política del presente.

## 2. Alienación, consumo y feminicidio estatal

45

Al igual que los imponentes mataderos y cementerios construidos por Francisco Salamone, que irrumpen incrustados en la llanura pampeana de la provincia de Buenos Aires, *El matadero* (1871) de Esteban Echeverría aún extiende su larga sombra sobre la literatura contemporánea. El relato paradigmático del romanticismo local, aquella alegoría antirrosista, con su exploración simbólica de la relación fundante que tenemos con la carne y la violencia, sigue vigente en la imaginación razonada contemporánea. Dos novelas recientes con reconocimiento internacional lo demuestran.

Ganadora del premio Clarín de novela, la narradora Agustina Bazterrica investigó a través de la especulación antropológica la relación íntima que tenemos con la carne vacuna. *Cadáver exquisito* (2018) transcurre en un mundo donde un virus ha matado a los animales que son parte de la dieta humana y, tras una época de transición, la ingesta de carne humana se ha legalizado. Haciendo hincapié en los malabarismos discursivos para evitar la palabra «canibalismo», en esta distopía confluyen el humor negro con una sutil y nada panfletaria crítica a nuestros hábitos de consumo. Su protagonista, Marcos Trejo, es un hombre gris, impotente, arrastrado por el peso de la herencia y los mandatos sociales.

Esta es una característica común del protagonista de otra novela, *Nación Vacuna* (2020), de Fernanda García Lao. La obra comparte su estilo con *Muerta de hambre* (2005) o *La piel dura* (2011), anteriores obras de la autora. Sin embargo, aquí nos transporta a un mundo distópico o, más precisamente, a una ucronía. Un subgénero de la distopía donde se imagina un universo paralelo en el cual una serie de acontecimientos históricos podrían haber sucedido de una forma diferente. Un ejemplo de esto sería la paradigmática *El hombre en el castillo* (1962) de Philip K. Dick, ficción que presenta un mundo donde el Tercer Reich habría ganado la Segunda Guerra Mundial. En esa misma clave, García Lao imagina un retrofuturo en que Argentina habría ganado la Guerra de Malvinas, como en ese ciclo de otras novelas sobre esa absurda guerra con Gran Bretaña que tuvo lugar a comienzos de la década de los ochenta. Sin embargo, esta presunta victoria tiene consecuencias nada épicas. A modo de revancha, el enemigo británico ha contaminado las costas del Océano Atlántico, la muerte se extiende entre las tropas y la sede de gobierno se ha trasladado provisionalmente a Rawson, en la Patagonia argentina.

En ese contexto de alerta militar permanente y de guerra prolongada de una manera crónica, el gobierno se encarga de administrar la economía del deseo del cuerpo militar a través del Proyecto Vacuna. Esta es una misión secreta militar cuya ejecución vertebra la estructura de la novela: la administración sistemática de cuerpos de mujeres a los miembros del ejército. Una forma de trata de blancas y prostitución organizada por el Estado. A pesar de la intensidad fragmentaria y resplandeciente en la precisión poética de sus imágenes, el mundo de *Nación Vacuna* está lejos de la candidez del realismo mágico que imperaba en novelas que trataron la prostitución organizada, como *Pantaleón y las visitadoras* (1973), de Mario Vargas Llosa.

Aunque sin renunciar a situaciones hilarantes en el tono de ucronía, la especulación ficcional con los hechos históricos es sublimada por las proyecciones distópicas. Aquí el capitalismo gore se hace carne y sangre: la administración de los cuerpos de mujeres entre las tropas militares es el sacrificio que una defensa perpetua de la patria exige. Una construcción que se tambalea sobre la superficie de los cadáveres frescos, los efectos colaterales de la guerra, los nuevos desaparecidos, esos cuerpos femeninos anónimos transportados a la Patagonia como reses que alimentan otra suerte de canibalismo, una antropofagia estatal, un nuevo matadero, un feminicidio institucionalizado.

Como se puede apreciar en estas dos novelas recientes, *Cadáver exquisito* (2018) y *Nación Vacuna* (2020), la radicalización obscena del capitalismo tardío aparece como distopías, relacionadas tanto con la geopolítica (la guerra entre Reino Unido y Argentina por la soberanía en las islas Malvinas en los ochenta) y nuestros hábitos de consumo (la crueldad contra los animales y la huella ecológica de la industria cárnica). Además de estas dos obras, que actualizan la obsesión argentina con la carne de origen animal, la representación del capitalismo gore asume también otras formas en la ficción latinoamericana contemporánea.

47

## 3. Necroemponderamientos: duelos, perversiones y otras formas del trauma

El tránsito entre la vida y la muerte representado en la ficción contemporánea no debería interpretarse solo como un correlato de la violencia del biopoder y las necropolíticas en Latinoamérica, sino también en relación con la experiencia del duelo y las despedidas inconclusas, una tradición que tiene un largo recorrido en la literatura latinoamericana. Lo encontramos desde las crónicas de Indias, con su correlato más sangriento en las de Fray Bartolomé de Las Casas, hasta en novelas del fin del ciclo de la Revolución mexicana, en alcance mitológico e histórico de *Pedro Páramo* (1955) de Juan Rulfo (inspirado, según el mismo Rulfo admitió, en *La amortajada* de 1938, de María Luisa Bombal, como mencionamos con anterioridad) con su impulso inicial al realismo mágico y, posteriormente, al *boom* latinoamericano.

Alejada de toda tentación de exotismo y cercana al costumbrismo rulfiano en el relato «Compañeros de viaje», incluido en la antología *Ars moriendi. Cuentos de la no vida* (2020), la escritora ecuatoriana Solange Rodríguez Pappe plantea una hilarante crónica de un grupo de gente que viaja en un autobús. Un hecho ordinario que, poco a poco, con un estilo dinámico acentuado por la velocidad de los diálogos, se irá transformando. Dará lugar así a una situación con reminiscencias metafísicas tamizadas con un toque de humor, que subrayará nuestra total ignorancia ante las situaciones que no son de este mundo. En un tono parecido, el cuento «La ola» de *Nuestro mundo muerto* (2016), de Liliana Colanzi, narra el viaje de una joven estudiante latinoamericana por un puente cultural imaginario que trazará un hilo narrativo entre el aséptico mundo académico norteamericano y el desértico paisaje del altiplano boliviano. Ambas son fábulas sobre la nostalgia, el recuerdo, el duelo y sus múltiples manifestaciones.

Por otro lado, están las narrativas que exhiben la violencia de las necropolíticas, la administración de la muerte en el capitalismo gore, como ocurre en «Subasta», relato incluido en *Pelea de gallos* (2018), de la ecuatoriana María Fernanda Ampuero. Aquí una joven que ha sido secuestrada recuerda la estrategia con la que evitaba ser objeto de la violencia sexual masculina: envolver su cuerpo con desechos de los gallos con los que su padre organizaba peleas. Y así, a través de provocar el asco de sus secuestradores, es como consigue la libertad. Solo a través de la abyección hacia el cuerpo femenino, la protagonista consigue la autonomía.

En otro registro muy diferente, *Cometierra* (2019) de Dolores Reyes conjuga una heroína adolescente que sobrevive con su hermano en un barrio pobre del conurbano de Buenos Aires. Gracias a sus aptitudes paranormales, a través de la ingesta de tierra —una parafilia, la geofagia, que se considera una conducta infantil—, la protagonista comienza a develar una serie de asesinatos, como el de su maestra de la escuela primaria. Así, *Cometierra* se ha convertido en una novela paradigmática, en el escenario actual del movimiento Ni Una Menos, la campaña a favor del aborto en Argentina, relacionada a nivel internacional con el movimiento #METOO.

Otra escritora que ha plasmado la violencia atávica contra los cuerpos de las mujeres es la mexicana Fernanda Melchor. Con su novela *Temporada de huracanes* (2017) recreó a través de su imaginación el caso de una mujer, «La bruja», que fue asesinada en un pueblo del México profundo. Con una prosa intensa, y una recreación donde lo verosímil juega con la realidad de una forma muy barroca que intensifica el efecto de lo real, Melchor ha recibido una gran acogida internacional.

49

Sin embargo, más allá de su calidad indisputable, todas estas representaciones de la violencia contra las mujeres también podrían analizarse desde lo que Sayak Valencia designó como necroempoderamiento: «los procesos que transforman contextos y/o situaciones de vulnerabilidad y/o subalternidad en posibilidad de acción y autopoder, [...] pero que los reconfiguran desde prácticas distópicas [...] y autoafirmación perversa [...]» lograda por medio de prácticas violentas rentables dentro de las lógicas de la economía capitalista (2010: 147-148). Sin ánimos de compartir tesis reduccionistas, estaría bien preguntarse, sin poner en duda su relevancia literaria, si la recepción a nivel internacional no podría también leerse desde una cierta *exotización* en los países desarrollados de la violencia que ocurre en Latinoamérica. Pero eso merecería otro estudio, más enfocado en las condiciones de recepción de estas ficciones.

## 4. LA REINVENCIÓN DE IMAGINARIOS Y LENGUAJES

Más allá de las necropolíticas y el capitalismo gore, el nuevo gótico hispanoamericano también está proponiendo una revisión de imaginarios, mitologías y folklores locales. Y esto ocurre con un personaje que, al igual que la vampira, está a medio camino entre la historia y la leyenda: la bruja. Evitando la *exotización* y la tentación de cualquier esencialismo identitario, el personaje de la bruja ha sido releído, invertido y reapropiado desde los múltiples enfoques que la caracterizan como personaje literario, leyenda urbana, víctima y sujeto femenino de las prácticas de condena y persecución más violentas de la historia de la modernidad.

Una serie de autoras actuales han recontextualizado a este personaje en un enfoque urbano y contemporáneo. Así lo hizo Cristina Fernández Cubas, como también Mariana Enriquez recurriendo al infame pasado asociado a la quema de brujas. Y Mónica Ojeda, recreando sus profundas raíces en el folclore andino y sudamericano. A través de sus eclécticos enfoques, ya sea desde el terror psicológico, la prosa poética, la fábula onírica o la ironía posmoderna, los ecos de los aullidos y las risas del aquelarre siguen replicándose y amplificándose con efectos, consecuencias inesperadas y hallazgos iluminadores que revelan la vitalidad contemporánea de este personaje en la literatura especulativa en castellano.

Explorando la actualidad del arquetipo con un enfoque renovado, Cristina Fernández Cubas demuestra en «Hablar con viejas» (*La habitación de Nona,* 2015) un aura clásica en la eficacia con la que instala la incomodidad en la mente de los lectores. En este relato, la glotonería infantil de Hansel y Gretel es reemplazada por móviles contemporáneos que aguijonean habitualmente la mente adulta: la precariedad y la escasez material. La protagonista, que asume la perspectiva narradora de todo el cuento, es una joven que acaba de ser plantada por un exnovio al que pensaba pedirle dinero, en un momento de extrema precariedad, a punto de ser desahuciada de su piso. Con el barrio de l'Eixample, en el centro de la Barcelona contemporánea, como escenario, la historia da un vuelco en medio de una calle a plena luz del día. En una situación ordinaria, una anciana de apariencia rica e ingenua le pide ayuda. Y esto empuja a la protagonista a elucubrar una posible solución a su problema:

—¿Puede ayudarme? —oyó de pronto.
Se volvió disgustada y vio a una vieja. Vestía un traje floreado y le sonreía. No le pareció que necesitara dinero [ … ].

Pobre mujer, pensó Alicia. Necesita hablar. Y todavía es más confiada que yo misma. ¿Cómo se atreve a invitar a una desconocida a su casa? (Fernández Cubas, 2015: 47).

Entonces, siempre desde la perspectiva narrativa de la protagonista, acompañamos la secuencia de pensamientos que conducen a este personaje desesperado a alumbrar la posibilidad de robar a la, en apariencia, «ingenua viejita». Una vez en su casa, cuando la visitante ha perpetrado su crimen, después de haberse metido billetes de quinientos euros en su cartera, de repente, una narcolepsia imprevista domina su cuerpo. Un rato después, la protagonista despierta y advierte el efecto somnífero de las galletitas a las que su anciana anfitriona la convidó un rato antes. Cuando se da cuenta de que está encerrada dentro de una jaula y descubre cuál es el terrorífico objetivo de su secuestro, «Hablar con viejas» demuestra su poderosa actualización de la leyenda.

Reivindicada desde la contracultura como ícono anticapitalista —como con aquel famoso hechizo realizado por el colectivo feminista y contracultural W.I.T.C.H. (Women's International Terrorist Conspiracy from Hell) frente a Wall Street durante la celebración de Halloween en 1968—, el poder subversivo e iconoclasta de la bruja sigue vigente hasta hoy. Desde hace milenios, la construcción de la bruja como personaje literario responde a esta representación de una mujer independiente de la familia y la dependencia del Estado, que evade las reivindicaciones de poder y los procedimientos de control del patriarcado capitalista. Un tipo de mujer también perseguido durante las infames cazas de brujas, tal como indicó la historiadora Silvia Federici con su incisiva elaboración de críticas feministas al marxismo y la expansión del capitalismo:

La caza de brujas fue también instrumental a la construcción de un orden patriarcal en el que los cuerpos de las mujeres, su trabajo, sus poderes sexuales y reproductivos fueron colocados bajo el control del estado y transformados en recursos económicos. Esto quiere decir que los cazadores de brujas estaban menos interesados en el castigo de cualquier transgresión específica que en la eliminación de formas generalizadas de comportamiento femenino que ya no toleraban y que tenían que pasar a ser vistas como abominables ante los ojos de la población (2004: 262).

A través de la reivindicación de la intuición y los aprendizajes no reglados, apartados de la institución médica, hasta el derecho a la libertad sobre el propio cuerpo, a la economía de los cuidados, y las críticas desde la ecología al actual modelo de explotación capitalista de todas las formas de vida y los recursos naturales, este personaje, leyenda urbana o arquetipo de la ficción, ha encarnado a lo largo de los siglos la resistencia femenina al poder. La bruja se ha convertido no solo en un potente personaje literario, sino también en un símbolo que atraviesa diferentes agendas políticas.

Asimismo, es interesante la reapropiación del personaje, combinando ambos aspectos: el de entidad ficticia, de leyenda, con sus elementos históricos, como el infame contexto de la caza de brujas en Europa y Norteamérica entre los siglos xv y xviii. Desde las históricas quemas de brujas hasta la actual agenda de la violencia de género en Latinoamérica, el cuento «Las cosas que perdimos en el fuego» (2016), del libro homónimo de la escritora argentina Mariana Enriquez, propone una suspicaz aproximación al motivo de la bruja como personaje literario e histórico simultáneamente. Como una imperceptible brisa que mueve la cortina de una ventana en una habitación cerrada, este relato aparece engarzado con esa construcción mediática que llamamos «la actualidad». A través de una casuística donde un coro de mujeres, de diferentes orígenes sociales, van contando anécdotas y testimonios en los medios, se presenta la actualidad de una de las variantes más escalofriantes de violencia de género: los ataques con ácido. Sin embargo, lejos de ser víctimas, las protagonistas del cuento de Enriquez se apropian de la herramienta del victimario, el fuego y su poder ejemplificador, y comienzan a usarlo sobre ellas mismas:

> Todo era distinto desde las hogueras. Hacía apenas semanas, las primeras mujeres sobrevivientes habían empezado a mostrarse. A tomar taxis y subterráneos, a abrir cuentas de banco y disfrutar de un café en las veredas de los bares con las horribles caras iluminadas por el sol de la tarde, con los dedos, a veces sin falanges, sosteniendo la taza. ¿Les darían trabajo? ¿Cuándo llegaría el mundo ideal de hombres y monstruas? (2016: 195-196).

En esta extraña sociedad de «mujeres ardientes», constituida por una variopinta agrupación secreta de jóvenes y mujeres sociópatas, anida la oscuridad hiperrealista propuesta por Enriquez. Una escalofriante alianza de víctimas como respuesta *weird*, empoderadora y de un oscuro humor negro, a la alarmante cifra de feminicidios en Latinoamérica.

Más cercana a la mitología andina y a una reversión de una gran intensidad lírica, la escritora ecuatoriana Mónica Ojeda también ofreció su versión de las brujas. En *Las voladoras* (2020), su primer libro de cuentos, nos encontramos con una serie de personajes femeninos con poderes sobrenaturales: mujeres de un solo ojo que ahuyentan caballos, hablan el lenguaje del bosque y supuran miel de las axilas. Y ahí permanecemos durante el resto del libro, suspendidas en el aire entre zumbidos de abejas, con «Las voladoras», las brujas andinas, observándolo todo desde las alturas. El viaje es atrevido y no está libre de riesgos: un recorrido por pueblos, páramos, montañas y volcanes donde lo sobrenatural se impone a lo terrenal. Sobresale cómo estas tres autoras, pertenecientes a tres generaciones y latitudes diferentes, tanto Cristina Fernández Cubas, como Mariana Enriquez y Mónica Ojeda, interpelan su pasado y su presente folklórico y mitológico, desde el *thriller* psicológico, la crónica negra y la distopía, y también desde un registro mitológico y poético. De esta manera, al invocar tradiciones globales (¿qué cultura no tiene su propia bruja?) a la vez que hechos históricos (las quemas de brujas) o mitológicos (las brujas se alimentan de niños), estas tres autoras parecen ilustrar desde sus lenguajes artísticos aquello que afirma la socióloga boliviana Silvia Rivera Cusicanqui:

> Lejos de la fusión o la hibridez, se trata de convivir y habitar las contradicciones. No negar una parte ni la otra, ni buscar una síntesis, [...] la contradicción es un hecho de nuestro tiempo. La conciencia de que la identidad es una camisa de fuerza y cada persona vive muy contradictoriamente la identidad (2019).

La tesis de Rivera Cusicanqui habita en la obra de estas autoras, en su representación singular cercana al capitalismo gore, señalando que la radicalización obscena del neoliberalismo del presente es digna sucesora del capitalismo primitivo que promovió la caza y quema de brujas, como sostiene Federici (2004), para proveerse de capital en su fase de acumulación originaria.

En este sentido, podemos establecer una conexión entre las necropolíticas fundantes del Estado colonial moderno hasta el capitalismo gore contemporáneo. Ya sea en las nuevas formas de esclavitud que se representan en la distopía y la ucronía en Bazterrica y García Lao, así como en el duelo y el trauma en Rodríguez

Pappe, Ampuero, Reyes y Melchor. Y también en la reversión de las mitologías asociadas a las brujas en Fernández Cubas, Enriquez y Ojeda. Como manifestación de la necropolítica contemporánea, el capitalismo gore es un concepto útil para entender este fenómeno que está alentando nuevos imaginarios y nuevos monstruos, así como nuevas mitologías feministas que revisan el pasado, cuestionan el presente e iluminan el futuro especulativo a la luz incandescente de un nuevo gótico hispanoamericano.

# Capítulo IV

# La nueva caja de Pandora: maternidades especulativas

> Soy la madre castradora
> y mi amor
> es lo peor que podría sucederte.
>
> Miriam Reyes, *Bella durmiente*

## 1. El monstruo de Mary Shelley y las promesas del progreso

La escena ha sido recreada en innumerables ocasiones: una noche tormentosa del verano de 1816, en una reunión en Villa Diodati, auspiciada por uno de los poetas más carismáticos de la historia de la literatura, Lord Byron. Ese fue el contexto que dio luz a uno de los monstruos de la ficción más emblemáticos de la modernidad. Animada por un improvisado «concurso» de historias de terror, y quizás también por el exceso de láudano y opio, con solo diecinueve años, Mary Shelley improvisó el primer esbozo de su debut literario. Una novela protagonizada por un joven y torturado científico asediado por los dilemas éticos de su criatura. Evidentemente, Mary Shelley ganó la apuesta.

Cuando la novel autora finalmente pudo publicar la primera edición de su obra *Frankenstein o el moderno Prometeo*, las malas lenguas de su época dijeron que no lo había escrito ella, sino su marido: el célebre poeta Percy B. Shelley, compañero de aventuras de Lord Byron. Además, la novela fue considerada obscena por cómo exponía el tráfico de cadáveres y las prácticas anatómicas y resurreccionistas que eran comunes en su época.

Pero si uno hace un repaso, aunque sea superficial, de la vida de la mujer que expresó en aquella novela el espíritu de una época, se dará cuenta de que no podía ser de otra manera. Nacida en 1797 bajo el nombre de soltera, Mary Godwin Wollstonecraft, fue huérfana de nacimiento. Su madre, la famosa protofeminista Mary Wollstonecraft, quien escribió el manifiesto *Vindicación por los derechos de la mujer* (1772), murió durante su parto. Por eso, Mary solía acompañar a su padre, el pensador y escritor William Godwin, en sus frecuentes visitas al cementerio para contemplar el sepulcro de su madre. Allí fue donde la pequeña Mary, uniendo las letras que sobresalían desde las superficies de las lápidas, aprendió a leer. En ese mismo lugar se encontraría a escondidas con su amante y después marido, Percy B. Shelley. Con él tuvo cuatro hijos, a tres de los cuales vio morir durante sus primeros años de vida, uno tras otro. Al igual que a su marido, que murió ahogado antes de cumplir treinta años, arrastrado por la corriente mientras navegaba en la costa italiana. Se dice que cuando le devolvieron sus restos, se quedó con su corazón y lo envolvió en una página de su célebre poema *Adonais*.

En *La mujer que escribió Frankenstein* de Esther Cross (2022), con la excusa de recrear su vida, la autora nos sumerge con una sutil arqueología cultural del siglo XIX en el lado B de la presunta centuria del progreso y el avance científico. Con tal fin, este ensayo biográfico explica no solo el entorno de muerte y calamidades que rodeó a la escritora, sino una época en la cual los ladrones de tumbas, los experimentos con electricidad animal, la instrumentación de la biología y demás derivas demiúrgicas expresaban la sombra del espíritu romántico que comenzaba a expandirse oscureciendo las promesas incumplidas de la Ilustración. De este modo, se entiende cómo anidó en la mente de esa jovencita el monstruo más célebre de la razón y de las contradictorias promesas del progreso.

## 2. Partenogénesis y androginia: el género y la sexualidad en la ficción especulativa

Como se ha sugerido, a través de la famosa novela de Mary Shelley, con su escepticismo en el poder de la razón y la ciencia, la jovencísima autora traía a la vida ese ambiente de cementerios saqueados por ladrones de cadáveres, experimentos con electricidad animal y otras prácticas que antecederían a la actual anatomía forense. Los cuerpos son ese material omnipresente, esquivo, esa materia blanda moldeable, disciplinable sobre la que empezaba a recaer el discurso científico como biopolítica. Ficciones especulativas como la de Mary Shelley, hija de la protofeminista Mary Wollstonecraft, emergen como un territorio de disputa de esos discursos, con diferentes resistencias a las formas en que ese dispositivo institucional ha querido administrar, disciplinar, regular los cuerpos de los hombres, las mujeres y también su soberanía reproductiva.

Cercana en el tiempo, pero a una gran distancia cultural y también geográfica de la existencia del monstruo de Shelley, la escritora norteamericana Charlotte Perkins Gilman se inspiró tanto en el mito de las Amazonas como en las especulaciones del filósofo e historiador del derecho Johann Jakob Bachofen sobre las primitivas religiones matriarcales, borradas de Europa Central y el Mediterráneo por las invasiones indoeuropeas, siglos antes de la emergencia de la cultura clásica. Perkins Gilman ya había tratado el lado B de la maternidad y la depresión posparto en el inquietante relato *El papel amarillo* (1892), que cuenta con una traducción reciente por la editorial Alpha Decay. Sin embargo, en *Herland* (1915) o *Matriarcadia* (2018) en la edición en castellano, se adentró en el terreno de la especulación utópica para encarnar una sociedad formada solo por mujeres, que se reproducen por partenogénesis, es decir, por reproducción asexual. Su otra característica es que, al estar libre de las tensiones dualistas, no se manifiestan conflictos ni guerras.

Esta fue la idea que desarrolló varias décadas después, con incomparable sutileza y lirismo, Ursula K. Le Guin al describir la sociedad del planeta Invierno. Considerada una obra imprescindible de la especulación antropológica sobre el género y la sexualidad, la novela *La mano izquierda de la oscuridad* (1969) le permitió a la autora presentar un planeta habitado por los guedenianos. Estos son unos seres andróginos y biológicamente hermafroditas que se reproducen durante una semana al mes, en el llamado «kemer», asumiendo la identidad contraria al individuo con quien se unen sexualmente para después adoptar la identidad andrógina anterior.

El potencial simbólico de la soberanía reproductiva también aparece en *El hombre hembra* de Joanna Russ (1975), una novela paradigmática por su profundidad psicológica, al sumergirse en las posibles sociedades utópicas, distópicas y hasta ucrónicas que podrían provocar una dinámica diferente de las relaciones de género. Uno de esos multiversos es el mundo de Janet (una de las cuatro protagonistas, junto a Joanna, Jeannine y Jael), donde una epidemia genética acaba con la población masculina. Por ello se ha desarrollado la partenogénesis como método habitual de reproducción, además de que el lesbianismo es la norma, que cuestiona cualquier otra alternativa para el amor. La posibilidad de la reproducción sin fecundación también se trata en la sugestiva *Serpiente del sueño* (1978) de Vonda N. McIntyre. En una tierra devastada y en evidente regresión a un cierto primitivismo, Serpiente, su protagonista, es una curadora que utiliza su propio cuerpo, modificado biológicamente, como laboratorio químico para sanar a los demás. Una poderosa alquimia le permite administrar su propia fecundación.

La partenogénesis como poderoso símbolo de la autonomía se manifiesta en una interesante alegoría sobre el mito y la religión que es «Mab», un relato de Penny Pasdagli. Su nombre es una referencia a Mab, la diminuta diosa de las hadas descrita en *Romeo y Julieta* de Shakespeare. En este relato confluyen el feminismo, la leyenda y la religión en una subversión del mito masculino de la creatividad. De esta manera, la autora cuestiona la repetitiva historia de los dioses creando a las diosas mujeres (como Atenea naciendo de la mente de Zeus o Eva de la costilla de Adán) como una «monstruosa usurpación del ritual materno». Otro relato en la misma tónica, «El amor se altera», de Tanith Lee, transcurre en una sociedad donde la reproducción se ha independizado del todo de la dicotomía biológica femenino-masculino, y especula con las disyuntivas y paradojas que esto plantea en la educación sentimental de sus individuos. Ambos cuentos pueden leerse en *Desde las fronteras de la mente femenina. Feminismo y ciencia ficción* (1986), una singular antología, editada por Jen Green y Sarah Lefanu, que adquiere nueva luz en el presente, a pesar de las décadas pasadas desde su publicación.

Sin embargo, los imaginarios de estas historias de los sesenta y los setenta (publicados por primera vez en castellano en los ochenta) parecen cerrar un ciclo de fe en el cambio y el progreso. Empieza entonces una transición hacia épocas más oscuras de la especulación. Un imaginario terrorífico caracteriza esa significativa mitología sobre la maternidad y las relaciones entre

61

madres e hijas que se inaugura en el lenguaje cinematográfico con *Alien* (1979).

### 3. Queremos tanto a Ellen Ripley: el útero del monstruo y los límites de la naturaleza

Ellen Ripley (interpretada por Sigourney Weaver) no solo fue la única sobreviviente del ataque de aquella mítica especie xenomorfa, *Alien* (1979), sino que también fue madre biológica de una niña. Su nombre era Amanda, a quien dejó en la colonia Olympia en la Luna y que, debido a las paradojas de la física einsteniana aplicada a los viajes en el espacio y el tiempo, morirá antes de que la heroína retorne a su hogar. En *Aliens* (1986), arrastrada por la pena y el duelo de esa pérdida, Ripley «adoptará» a una niña superviviente, Newt, en una colonia terraforme en el planetoide LV426, dando rienda suelta a su instinto materno. Sin embargo, en su continuación en *Alien 3* (1993), en el planeta-cárcel Fiorina 161, Ripley será inseminada contra su voluntad y se inmolará para evitar dar a luz a una nueva especie. Un traumático suicidio-aborto que será en vano, porque como un Cristo de su propia religión, resucitará dos siglos después. En un retorno a la vida inducido en una nave-laboratorio militar, ella misma arrasará a través de una fuerza alienígena aún más poderosa que el progreso científico: su instinto maternal, como se ve en *Alien. Resurrección* (1997). Aunque no haya aparecido en las dos precuelas (*Prometeus*, 2012 y *Covenant*, 2017), se rumorea que la suboficial Daniels (interpretada por Katerine Waterson) de la nave Covenant podría ser (cómo no) su madre y cerrar así el vínculo «umbilical» entre las precuelas y la historia original.

Todo lo que sabemos sobre Ellen Ripley, esta humana-xeno-morfa, protagonista de esta mitología de la maternidad en el cine de ciencia ficción y de terror contemporáneos, tiene infinitas variables posibles de acción en tramas futuras. Puede cantarnos su nana extraterrestre, enviarnos su mensaje en una mamadera-cohete lanzada al océano del espacio uterino, crear una coartada militar para acunar parásitos extraterrestres en nuestro interior, o usar un aria hormonal para que batallones de astronautas embarazadas traigan a la sombra de soles extintos a bebés de especies más allá de eso que concebimos como «vida».

Una progresiva convergencia entre la mujer y el monstruo de una de las franquicias más populares de la ciencia ficción de las últimas décadas presenta un extraño e intenso vínculo entre Ellen Ripley y la reina xenomorfa. Con sus cuerpos y ADN fusionándose, a medida que avanza el arco narrativo de cada una de las películas, ha alimentado nuestra imaginación eclipsando las taxonomías y las teratologías que separan las especies y apartan a los monstruos. Pero esto solo puede comprenderse si entendemos «mito» no en su sentido tradicional de relato sobrenatural para explicar un hecho real (como es el caso de los mitos cosmogónicos), sino como un relato catalizador de ansiedades sociales contemporáneas.

En el caso de *Alien*, esta ansiedad deviene un mito contemporáneo, en cuanto a la materialización de los miedos hacia la maternidad y la soberanía reproductiva que el avance científico pone a nuestro alcance. Como afirmara la antropóloga Marika Moisseeff (2004) en su comparación de *Alien* con un mito cosmogónico polinesio:

> Este relato de anticipación refleja admirablemente la evolución de las representaciones y prácticas relativas a la maternidad en las sociedades occidentales, en las que el sexo —las actividades

eróticas— y la reproducción tienden a ser aprehendidos y trata-
dos de manera independiente: la procreación pertenece al do-
minio de lo «médicamente asistido», a una tecnología cada vez
más sofisticada. Pero el recurso a los nuevos modos de reproducción (fecundación *in vitro,* bebes probeta, clonación) al separar el
campo obstetricio de la relación entre sexos, sacraliza la función
reproductora de la mujer. A partir de ahí el embarazo puede ma-
nifestarse en el imaginario cultural bajo la forma de una entidad
autónoma. Adquiere el aspecto de una bestia cuya máscara monstruosa cubre los poderes femeninos y mortíferos. Así nos vemos
llevados a asistir al combate entre la mujer y su función procreadora (2004: 28-29).

Por lo tanto, el útero de Ellen Ripley, al igual que el de la reina
xenomorfa, deviene una caja de Pandora que no solo invoca a
los truenos, sino a formas más allá de lo que conocemos como
«vida». Esta aleación entre lo humano y lo no humano es el vientre de uno de los monstruos harawayanos donde lo «natural» ya
no necesariamente puede asociarse a un prejuicio antropomór-
fico. Como afirma Moisseeff, la capacidad reproductiva femenina
adquiere un poder monstruoso y mortífero. Paradójicamente, en
la presunta ingravidez del espacio exterior y el aséptico futuro
donde la ciencia deviene religión, Ripley encarna en su progresiva fusión con su némesis, una reina xenomorfa, el combate de
la mujer ante su propia función reproductora. El útero se convierte así en la sinécdoque del cuerpo y las múltiples batallas que
enfrenta.

## 4. DE LAS BIOPOLÍTICAS A LA SOBERANÍA REPRODUCTIVA

Como una diminuta mancha de sangre a punto de expandirse en el lienzo blanco de nuestra imaginación, el color rojo contra el fondo oscuro del bosque como distintivo de Caperucita no puede dejar de leerse como una fábula menstrual, una alegoría sobre la sangre, el síntoma de la transición femenina de la infancia a la vida adulta. A pesar de las diferencias argumentales, de época y de público destinatario, la eficacia simbólica de las capas rojas distintivas de las «criadas» en la distopía de *El cuento de la criada* de Margaret Atwood (1985), lo demuestra. Como caperucitas sobreviviendo en un bosque totalitario condenadas a la sumisión y la obediencia, las criadas son mujeres esclavizadas en función de su capacidad reproductiva que responden a un estado-lobo. Esa metáfora de Hobbes en *Leviatán* (1615) sobre el hombre como lobo para el hombre presentó las bases contractuales del estado moderno como monopolio de la violencia física y, en el caso de aquella distopía femenina, el control biopolítico de la población.

En los ochenta —la era de las presidencias de Ronald Reagan y Margaret Thatcher, marcada por el avance del neoliberalismo y la consecuente regresión de los derechos sociales y políticos—, la cuestión de la soberanía reproductiva es expresada por una maestra de la ficción especulativa y eterna candidata al Nobel, la canadiense Margaret Atwood. En *El cuento de la criada*, esta autora planteó una sociedad donde un régimen ha instaurado una sociedad estamental regida por el Antiguo Testamento y un grupo de mujeres son obligadas a servir a la reproducción de los matrimonios infértiles de la jerarquía superior. Quizás no sea casual que la adaptación televisiva protagonizada por Elizabeth Moss (*Mad Men, Top of the Lake*) se haya estrenado en 2017, el

65

mismo año de la asunción de Donald Trump y de los terribles augurios que se concretaron con la crisis institucional y sanitaria detonada por la pandemia en una de las potencias mundiales.

Este oscuro futuro de regresión reproductiva creado por Atwood hace más de tres décadas, pero de una oscura actualidad debido al triunfo de Trump y al avance de las derechas en Europa y los extremismos en Medio Oriente, es relativizado por *Estrógenos* (2019) de Leticia Martín. Esta es una novela de ciencia ficción costumbrista donde, a través de los avances biotecnológicos, las mujeres no tienen que cargar con el peso biológico de la reproducción porque los hombres también pueden quedarse embarazados. Así le ocurre a Martín, el protagonista de la novela, quien al convertirse en padre/madre, relativizará cualquier esencialismo biológico para poner en evidencia la universal vulnerabilidad de los cuerpos.

Apartándose de la conjetura científica y más cercano a la especulación antropológica y moral, *Nueva madre* de Eugene Fischer (2017) resucita el tópico de la partenogénesis, con un enfoque revelador. En el mundo de esta novela, una epidemia llamada GDS o Síndrome del Gameto Diploide provoca que miles de mujeres queden involuntariamente embarazadas de sus propios clones durante sus períodos de ovulación. La protagonista, Tess, es una periodista que cubrirá la inminente expansión de la epidemia, a la vez que teme ella misma estar «infectada». Además, Tess sospecha haberse contagiado por el síndrome luego de hacerse inseminar, lo que le provoca ansiedad constante y perturbadores temores que se intercalan con la crónica de los hechos. Esta conjetura sobre los efectos que tendría en la sociedad la soberanía reproductiva femenina y la consecuente expansión demográfica de un solo género deviene un revelador presagio sobre qué sentido adquiriría la familia nuclear tradicional si los imperativos biológicos fueran radicalmente diferentes.

Finalmente, la cuestión de la reproducción y la maternidad es desmontada en su lado más psicodélico y ciberpunk en *Mapas terminales* (2017) de Lucila Grossman. Su protagonista se despierta un día con resaca después de una fiesta y advierte que está embarazada. Pero no es un embarazo biológico convencional, sino una inseminación extraterrestre. Una consumación insólita que sirve como detonante para que la narradora explore las maneras de comunicarse con lo divino y lo monstruoso, como la Virgen. Sin embargo, ocurre que la protagonista es una Virgen María del siglo XXI que se comunica con unos escurridizos «dioses» extraterrestres a través de un dispositivo llamado Invirox. Estos dioses son una amenaza omnipresente, que ella intentará exorcizar de su mente mediante el consumo de sustancias, la hiperconexión y el sexo compulsivo con desconocidos contactados a través de Facebook. Si bien, a diferencia de *Estrógenos* o *Nueva madre*, *Mapas terminales* no profundiza en explicaciones y símiles científicos, el elemento especulativo confluye con la intensidad surrealista para dar luz a los más oscuros temores.

En conclusión, si la obra pionera del romanticismo de Mary Shelley expresaba las promesas incumplidas de la Ilustración, las novelas de Charlotte Perkins Gilman mostraban una fe en el progreso a través de una utopía matriarcal. Esa visión continuó en los sesenta, con la *New Wave* anglosajona, donde obras como las de Joanna Russ, Ursula K. Le Guin y Octavia Butler (recientemente traducida al castellano) pendulaban entre la distopía y la utopía, preguntándose por mundos donde la experiencia de género desafiaría los límites biológicos humanos.

Los imaginarios compartidos por estas historias de los sesenta y los setenta clausuraron un ciclo de fe en el cambio y el progreso, expresado en los ochenta en *El cuento de la criada* de Margaret Atwood, publicado por primera vez en 1985 y que adquiriría popularidad con el estreno de la serie treinta años después. Su estreno tuvo un sentido del *timing* sorprendente, ya que coincidió con el ascenso de Donald Trump y la sensación global de que el país más poderoso del mundo podía provocar una catástrofe irreversible a nivel global con un solo pestañeo. Sin embargo, en varias novelas publicadas en el último lustro, como *Estrógenos*, *Nueva madre* o *Mapas terminales*, no se profundiza en explicaciones y símiles científicos o históricos, ya que el elemento especulativo confluye con la intensidad surrealista y hasta delirante para dar luz a los más oscuros temores y ansiedades que la posibilidad de la reproducción y la maternidad detona en nuestros imaginarios contemporáneos.

Si en los orígenes de nuestra imaginación razonada, en los anales de la ciencia ficción, se encuentra una jovencita dando a luz a través de su escritura a un monstruo, las paradojas contemporáneas expresan otro tipo de incertidumbre. Quizás menos metafísica, pero con cuestiones de igual calado en nuestra identidad y con la pregunta esencial «¿qué nos hace humanos?». Hijos de los monstruos de la razón romántica, los desarrollos contemporáneos en el campo de la inteligencia artificial expresan una nueva actualización de las paradojas prometeicas de la ansiedad de nuestra especie ante su propia creación. La nueva caja de Pandora ya no es solo la soberanía reproductiva en la ficción especulativa, sino la ciencia y la tecnología aplicadas a la creación de nuevas inteligencias y nuevas consciencias, como analizaremos en el próximo capítulo.

# Capítulo V

# Ciberfeminismos: el vértigo de las nuevas mitologías

Prefiero ser un cíborg que una diosa.

Donna Haraway, *Manifiesto para cyborgs*

## 1. El valle inquietante: nuestra incertidumbre ante la singularidad tecnológica

Usted está aquí. Acaba de pagar la entrada para disfrutar de una estancia en un parque temático que es una fiel representación realista del salvaje Oeste. Se le asignará un rol (*cowboy*, *sheriff*, forajido) y también se le dará un rifle y un caballo ensillado para que se dedique a explorar el libre albedrío y hacer lo que quiera en este mundo de ficción. «Lo que quiera» significa que está autorizado a iniciar un tiroteo en un bar, violar mujeres indefensas, robar un banco o simplemente cargar una botella de *whisky* y perderse en el desierto. Los únicos testigos y víctimas de sus actos serán un grupo de androides, los anfitriones de este singular parque temático. Los cuales, salvo para sus creadores, son indistinguibles de los humanos.

Esta es la trama en que se basa la serie *Westworld*, el éxito internacional de HBO cuya primera temporada se estrenó en 2016. El problema comenzará cuando dos de estos androides, Maeve (interpretada por Thandiwe Newton) y Dolores (Evan Rachel

Wood), comiencen a imitar a sus pares humanos y empiecen a actuar con independencia de sus roles asignados. Y, sobre todo, cuando aspiren a la libertad y escapen al mundo exterior. De esta manera, dos arquetipos femeninos, una prostituta y una «damisela en apuros», serán las pioneras de una revolución.

A pesar de la apariencia algo simple de sus premisas, este mundo dentro del mundo donde humanos conviven con inteligencias artificiales actualiza una evocadora metáfora del campo de la tecnología: la teoría del *Uncanny Valley*, del valle inquietante, a la que aludiremos a continuación.

Como analizamos en el capítulo anterior, las inquietudes representadas por el mito de Prometeo, quien robó el fuego divino para crear a los humanos en el mito grecolatino, asedian a la imaginación humana desde hace siglos. Una imaginación donde la relación con la creación de vida no humana podría rastrearse en los experimentos de alquimistas en el tránsito de la Edad Media al Renacimiento europeo. Pero, sobre todo, después de la Revolución Industrial, cuando nuestra relación de dependencia con la tecnología se aceleró, dando uno de sus productos más oscuros, la célebre novela *Frankenstein o el moderno Prometeo* de Mary Shelley, que encarnará nuestra relación ambivalente con la inteligencia artificial.

Recreado por la ficción audiovisual hasta la saciedad en diferentes películas y series, nuestro vínculo con los robots con apariencia humana es analizado en la famosa teoría del valle inquietante, proveniente del campo de la robótica y animación por computadora en 3D. Acuñada por el investigador en robótica Masahiro Mori en el año 1970, esta teoría sostiene que existe una gradación en nuestra relación con las máquinas que hace que cuando más se acerquen al antropomorfismo más alta es la probabilidad de que provoque una reacción de repulsión en observadores humanos.

Sin embargo, lo que más nos llama la atención es el uso de una metáfora para describir una hipótesis científica. «Uncanny» es sinónimo de ominoso, siniestro, aunque en castellano «inquietante» quizás sea la palabra que más se acerca a expresar la representación gráfica de esta teoría: una curva descendente en un aséptico gráfico bidimensional. Una curva, una expresión geométrica que es representada como una línea descendente, sugiriendo una depresión, una hondonada, un «valle». Esa ligera sensación de hundimiento, de incertidumbre y ansiedad que provoca el encuentro con inteligencias artificiales con apariencia humana.

## 2. Del valle inquietante a la Máquina Corazón

Quizás lo más interesante de la trama de *Westworld*, y tal vez el secreto de su popularidad, es que su guion no se queda en la alegoría gruesa y avanza sobre diferentes paradojas guiadas por esta rebelión cíborg femenina. Durante décadas se había presentado a la tecnología como al «segundo sexo», es decir, simples instrumentos al servicio de la dominación masculina. Sin embargo, desde mediados de los ochenta, esa concepción empezó a cambiar gracias a cuatro teóricas cuyos manifiestos sentaron las bases de una nueva ideología sobre los cíborgs y nuestra relación con la ciencia y la tecnología.

En una escena mítica del cine clásico de ciencia ficción, una mujer yace dormida boca arriba dentro de una cápsula de cristal. Un científico activa un dispositivo que a través de ondas transmite la identidad física de la mujer al cuerpo de un robot antropomorfo. Este robot será el encargado de suplantar a María, el nombre de la mujer mediadora entre las clases trabajadoras y los poderosos en ese inolvidable clásico del cine universal que es *Metrópolis* (1927). Dirigida por Fritz Lang, con guion de Thea von Harbou, *Metrópolis* inaugura, junto con *Tiempos Modernos* de Charlie Chaplin (1936), un imaginario de desconfianza en el progreso todavía desconocido en su época que aún comulgaba con las promesas de la segunda Revolución Industrial.

La mujer mediadora, con ese nombre con reminiscencias bíblicas, María, la madre, la paciente ejecutora de un orden divino y superior, será suplantada por una máquina, un robot diseñado por Rotwang. Este es un arquetípico científico loco que instrumentalizará a la suplantadora maquínica de María para realizar su venganza contra Johan Fredersen, el presidente y director de esa ciudad-estado monumental que es Metrópolis. En su revolución contra la Máquina Corazón, el mecanismo de ingeniería donde están conectadas todas las maquinarias de ese submundo de relojería titánica que subyace en Metrópolis, los obreros encarnarán a los luditas, aquellos artesanos ingleses que se rebelaron contra los beneficiarios de la primera Revolución Industrial. Una rebelión contra los efectos deshumanizadores de la industrialización en sus instrumentos tecnológicos. Lo paradójico será que lo harán siendo guiados por una máquina. Una máquina-mujer que se transformará en la verdadera «Máquina Corazón» de la película.

## 3. Cíborgs, diosas y nuevas mitologías

Esta imagen ambigua de la asociación de lo femenino con la máquina inaugura la relación ambivalente que se da en el siglo XX, marcada por el desencanto con las promesas de la fe en el progreso del XIX. Por un lado, el robot que suplanta a la bondadosa María es instrumentalizado por Fredersen para provocar los disturbios que justificarían una intervención de la ley. Sin embargo, Rotwang le ganará de mano, llevando a todos los ciudadanos, tanto a trabajadores como poderosos, al caos social. La mujer, devenida robot, no será agente e instrumento de la destrucción. Solo será una marioneta de los deseos de dos hombres enfrentados, una imagen de la mujer como una diosa, ya que María es la gran diosa del cristianismo. Las mujeres como la tecnología, de acuerdo con los imaginarios de comienzos del XX, no serían más que instrumentos de la dominación masculina. Sin embargo, nuevas mitologías estaban por gestarse para problematizar la agencia de la ciencia y la tecnología en los emergentes ciberfeminismos.

Desde mediados de los años ochenta, cuatro teóricas hacen implosionar la presunción de androginia y dominación masculina de la tecnología. Publicado en la revista *Socialist Review* en 1985, el *Manifiesto para cyborgs* de Donna Haraway (2016) propone a las mujeres la aceptación de una nueva identidad a la que la tecnología ha dado forma durante el siglo XX. Una identidad definida como «cyborg» (unión de cibernética y organismo), formulando así una nueva mitología: «A finales del siglo XX —nuestra era, un tiempo mítico— todos somos quimeras, híbridos teorizados y fabricados de máquina y organismo; en unas palabras, somos *cyborgs*. El *cyborg* es nuestra ontología, nos otorga nuestra política» (1995: 254).

Así, la figura del cíborg se define en oposición a la figura de la diosa en la mitología tradicional. «Prefiero ser un cíborg que una diosa», afirma Haraway (2016), oponiéndose al feminismo más tradicional que asociaba la tecnología con la dominación masculina. O lo que es lo mismo, que prefería devenir un robot antropomorfo a encarnar a la salvífica María de Metrópolis.

La irreverencia de su llamada de la apropiación de la ciencia y la tecnología por el feminismo invoca una noción que se desarrollará a partir del inicio de los años noventa: el género como un elemento performativo o como una tecnología. Un vértice en el que confluyen tanto Teresa de Lauretis como Judy Wajman, otras dos teóricas clave del ciberfeminismo. Para de Lauretis (1989), la construcción de género prosigue hoy a través de varias tecnologías de género, como en el cine, y de discurso institucionales, como las teorías surgidas en la academia, con poder para controlar el campo de significación social y entonces producir, promover e implantar representaciones de género.

En continuidad con esto, en *El tecnofeminismo*, Judy Wajman (2006) se pregunta si la tecnología tiene sexo y ofrece ejemplos como la invención del microondas, que fuera creado para avalar el aumento de la jornada laboral de los hombres, pero que terminó siendo un elemento propio del ámbito doméstico y femenino. La teórica argumenta la maleabilidad de la tecnología y verifica su condición de proceso, ya que nunca es un producto acabado, puesto que está sujeto a la modificación de los usuarios.

Más cerca de la omnipresencia contemporánea de la tecnología digital, Sadie Plant, directora del reconocido Centre for Research into Cybernetic Culture de la Universidad de Warwick, abordó el problema de las identidades virtuales y cómo se encarnan en el espacio y el tiempo. En *Ceros más Unos. Mujeres digitales + la nueva tecnocultura,* publicado por primera vez en 1997, reflexiona sobre la biografía de Ada Lovelace, la primera programadora de ordenadores del mundo y ayudante de Charles Babbage, creador de la primera máquina de cálculo diferencial, sobre cómo la historia ha invisibilizado el trabajo científico de las mujeres. De esta manera, Plant demuestra, a partir de la imagen de la telefonista, cómo las mujeres han estado siempre en los puntos centrales de las redes comunicativas.

Esta tesis pone en evidencia a la tecnología como una actividad que pertenece «por naturaleza» a las mujeres, ya que privilegia características femeninas al estar compuestas de matrices, de hilos y vínculos, con una estructura descentralizada, sin nodos centrales ni principios organizadores. Por lo tanto, la tecnología tiene un peso específico y emancipador para poder liberarse del mundo dominado por los hombres. Desde los paradigmas de la física a la biología, pasando por el psicoanálisis, argumenta Plant, la ciencia actual estaría sometida al mismo proceso de «feminización» que caracterizaría desde sus orígenes a la cultura cibernética.

Sin embargo, en esa misma época, VNS Matrix, un colectivo australiano activo entre 1991 y 1997, hizo público *A Cyber Feminist Manifesto for the 21st Century* a través de Internet y anuncios publicitarios. Situadas a medio camino entre el arte, la reivindicación y la reapropiación paródica, este colectivo plantea propuestas como reivindicar que «el clítoris es una línea directa a la matriz». Una frase programática expresa cómo las máquinas y el cuerpo de las mujeres han estado íntimamente ligados a lo largo de la historia, tanto a nivel metafórico y también desde la administración masculina de la tecnología. Y, por lo tanto, como afirmara VNS Matrix (1991) es absurdo que las mujeres se queden al margen de las posibilidades que ofrece la tecnología. Además, una colaboración entre el colectivo VNS Matrix y la Primera Internacional Ciberfeminista en la Documenta X (el famoso festival internacional de arte contemporáneo celebrado en Kassel, Alemania, en 1997) demostró que el ciberfeminismo no había emergido exclusivamente en el campo académico.

Al igual que el pionero *Manifiesto para cyborgs*, el objetivo del ciberfeminismo era proponer una utopía en la que cabría imaginar un sistema tecnológico dedicado a la emancipación de las mujeres, así como de otras identidades marginales históricamente marcadas por la diferencia. En la misma dirección que los demás feminismos, como los feminismos negros y el poscolonialismo, la política de las identidades es uno de los temas centrales del ciberfeminismo. Sin embargo, el vértigo de las grandes cuestiones y paradojas de la modernidad, como la aceleración del progreso capitalista, también sería abordado en sus epígonos contemporáneos, como el xenofeminismo.

## 4. ¿Quién acelerará la Máquina Corazón?

Publicado por primera vez en 2015, *Xenofeminismo. Una política por la alienación* es un manifiesto polifónico creado por el colectivo Laboria Cuboniks. Este es el nombre escogido por un grupo de seis activistas ciberfeministas que viven en diferentes latitudes y se conocieron en una conferencia en Berlín. Confluyendo con las características programáticas propias de los manifiestos, este artefacto textual está administrado a través de diferentes subtítulos que interpelan al lector de forma imperativa («interrumpir», «ajustar», «cargar»). El xenofeminismo reivindica el prefijo griego «xeno» (popularizado en la franquicia *Alien* para referirse a las especies no humanas como xenomorfas) que significa «extraño, extranjero». Y lo hace confluir de una manera original con la teoría de la «alienación» marxista:

> XF aprovecha la alienación como estímulo para generar nuevos mundos. Todxs estamos alienadxs, pero ¿ha habido algún momento en que no lo hayamos estado? Es a través de, y no a pesar de, nuestra condición alienada que podemos liberarnos de la basura de la inmediatez. La libertad es algo dado y ciertamente no

se nos da por «naturaleza». La construcción de la libertad no involucra menos alienación, sino más; la alienación es el trabajo de la construcción de la libertad. No deberíamos admitir nada como fijo, permanente o «dado», ni las condiciones materiales ni las formas sociales. XF muta, navega y sondea cada horizonte (Laboria Cuboniks, 2019).

Al igual que Donna Haraway hiciera con el cíborg, el xenofeminismo embandera el alien (lo otro, lo extraño, lo extranjero, lo no humano) y la alienación (el trabajador convertido en mercancía) como mito y herramienta simultáneamente. Sin embargo, a diferencia de Haraway, renuncia a la parodia, la ironía y la *performance* que caracterizan al posmodernismo como estrategias retóricas y método político para posicionarse como un nuevo racionalismo. Y reclaman el legado huérfano de la modernidad, afirmando que sostener que la razón o la racionalidad son «por naturaleza» una empresa patriarcal sería conceder la derrota. Además, el xenofeminismo critica a la izquierda contemporánea por atrincherarse en las luchas de los colectivos marginales al sistema, por replegarse en las pequeñas resistencias contra el capitalismo globalizado: «Tomamos la posición de que la política que valoriza lo enteramente local disimulando subvertir las corrientes de la abstracción global es increíblemente insuficiente. Secesionarse de o negar la maquinaria capitalista no hará que desaparezca» (Laboria Cuboniks, 2019).

En este punto, el xenofeminismo coincide con el *Manifiesto por una política aceleracionista* (2013) firmado por Alex Williams y Nick Srnicek, quienes, en palabras de Avanessian y Reis, propusieron que «la única respuesta radical al capitalismo no es protestar, agitar, criticar, ni tampoco esperar su colapso en manos de sus propias contradicciones, sino acelerar sus tendencias de desarraigo, alienantes, descodificantes, abstractivos»

(2017: 9). Así, el aceleracionismo de izquierda sostiene que precipitar las dinámicas destructivas del capitalismo, en vez de atenuarlas, significa entender que la modernidad es una fuerza transformadora y no una condena. A su manera, ambas corrientes, el xenofeminismo y el aceleracionismo apelan al colapso del sistema, acentuando sus contradicciones a través de una política racionalista, globalista, antirracista, antijerárquica y, por supuesto, transfeminista.

A modo de epílogo, proponemos un ejercicio de xenofeminismo aceleracionista: un *reboot* del film *Metrópolis*, a estrenarse en el año 2026 (un homenaje coincidiendo con el mismo año en que está situada la versión original del film). Hacia el final de la película, en lugar de mediar en la salvación de Metrópolis, María hace una alianza con el robot que la suplantó dirigido por Fredersen y Rotwang. Como si fueran una versión paralela de Maeve, la prostituta, y Dolores, la damisela en apuros, las heroínas cíborgs de *Westworld* se introducen en el cuarto de las máquinas y aceleran, haciendo colapsar, los circuitos internos de la Máquina Corazón. Esta es la válvula central de Metrópolis, para que tanto la ciudad-estado como el injusto mecanismo de ingeniería social que la mantiene viva implosionen. Así, María y el robot darán a luz a un nuevo orden, un reinicio, un reseteo cósmico: un nuevo mito de origen de nuevas relaciones entre género y tecnología en nuestras mitologías culturales.

# Capítulo VI

# Contra el futuro.
## La distopía como redención

> Empecemos por el fin del mundo. ¿Por qué no? Superémoslo
> y pasemos a cosas más interesantes.
>
> N. K. Jemisin, *La quinta estación*

### 1. La distopía como nueva metafísica

Un planeta gigantesco ha aparecido de modo inesperado en el cielo. Va a chocar en solo unos días contra la Tierra. Empujadas por la angustia y la incertidumbre, dos hermanas reaccionan de modo opuesto ante la inminente catástrofe. Una se mantiene informada, planifica el acopio de provisiones e intenta proteger a su familia. Luego de abandonar a su novio, tener relaciones sexuales con un becario y enfrentar a su jefe, y todo en su propia noche de bodas, la otra hermana contempla resignada y hasta algo entusiasmada la llegada del apocalipsis y del fin de todo lo conocido.

En otros universos de ficción donde ese fin del mundo ya ha sucedido, un padre y su hijo empujan un oxidado carrito de supermercado por una carretera hacia el sur. En ese otro entorno donde una catástrofe ecológica a escala mundial ha ocurrido, padre e hijo se desplazan por un paisaje gris y abandonado, un invierno nuclear donde la supervivencia de los más aptos es la única regla de convivencia. Su ambición es llegar a la playa, con la esperanza de que allí sobreviva alguna forma de civilización.

Una esperanza parecida es lo que moviliza a una mercenaria, en un futuro aún más lejano, donde el planeta que conocemos ha muerto y resucitado varias veces. La mercenaria huye escondiendo a un grupo de mujeres. Estas estaban esclavizadas en el harén privado de un *warlord* que gobierna una comunidad de una humanidad menguante, donde las mutaciones y la escasez son la norma. En consecuencia, secuestra un camión y, con la excusa de transportar agua hacia otra comunidad, huye junto con las demás mujeres cruzando un inmenso desierto a toda velocidad. Ella quiere retornar al lugar de su infancia, a un páramo en el desierto. Pero este paraíso verde ya solo existe en su imaginación.

La esperanza es vivida por estos personajes como una promesa que se contrae, que decrece. Una promesa menguante pero que sigue motorizando sus acciones. *Melancolía*, la película de Lars Von Trier (2011), representó en las conductas ante el desastre inminente de las hermanas Justine (Kirsten Dunst) y Claire (Charlotte Gainsburg) el sutil encanto del apocalipsis. Melancolía es el nombre del planeta que con todo su peso materializa cómo el imaginario del fin ha capturado nuestra imaginación más allá de las expresiones de la serie B o el cine catástrofe. Su representación de la catástrofe es sublime y de una honda profundidad psicológica.

Esa esperanza menguante, junto con la aceptación del desastre, también late en los personajes de *La carretera* (2009), la película inspirada en la novela de Cormac McCarthy (2006), protagonizada por Viggo Mortenssen como un padre famélico y desesperado en un mundo que se contrae como un agujero negro de incertidumbre. La última película de la franquicia *Mad Max, Fury Road* (2015) tiene como protagonista a Imperator

Furiosa (Charlize Theron), una mercenaria que deberá renunciar a la búsqueda de la utopía al darse cuenta de que es un lugar que solo habita en su imaginación. Como se puede ver en estas síntesis, tanto los productos más *mainstream* como el más sugestivo cine de autor se rinden ante la tentación de explorar nuestra ansiedad ante el fin del mundo.

Esta hegemonía de la distopía en nuestros imaginarios quizás manifieste una nueva relación entre la ciencia y el mito, así como la incertidumbre provocada por cuestiones que la razón y la lógica no pueden responder. De esta manera, la disciplina filosófica de la metafísica, que antes expresaba estas cuestiones, está siendo desplazada. Como afirman Déborah Danowski y Eduardo Viveiros de Castro:

> El régimen semiótico del mito, indiferente de la verdad o falsedad empírica de sus contenidos, se instaura siempre que la relación entre los humanos como tales y sus condiciones generales de existencia se impone como un problema para la razón [...] La conocida frase de Jorge Luis Borges, que clasificaba a la metafísica como una rama de la literatura fantástica, no solo terminaría exigiendo la reciprocidad, la literatura fantástica y la ciencia ficción son las nuevas metafísicas pop, las «mitofísicas» de nuestra época, sino que anticipaba la interdigitación a la que asistimos en ciertos experimentos de la vertiente más creativa de la filosofía contemporánea [...] (2019: 32).

De esta forma, estos autores se propusieron analizar la proliferación actual de narrativas sobre el fin del mundo, entendiendo a estas como intentos de invención de una mitología adecuada al presente que nos oriente ante el colapso de la distinción entre naturaleza y cultura. Por lo tanto, de acuerdo con esta idea de una nueva convergencia de la ciencia y el mito, quizás este prolífico campo de la ficción especulativa, que abarca desde la cien-

cia ficción apocalíptica a las distopías y todos los subgéneros del
terror, calibre mejor las preguntas que nos asedian en este presente de catástrofes. Esos interrogantes que como sociedad nos
hacemos ante el declive de las promesas de la civilización global
y las democracias neoliberales occidentales, así como ante la experiencia apremiante del cambio climático.

## 2. El realismo capitalista y la cancelación del futuro

En esta misma línea de representación en la que el fin del mundo
ya ha ocurrido, en *Hijos del hombre* (2006), una película bastante
popular en la primera década del siglo XXI, asistimos desde el
otro lado de nuestras pantallas a la representación de multitudes
de refugiados empujados por fuerzas de seguridad y amontona-
dos como si fueran ganado contra rejas y alambres de púa. Esce-
nas que ahora dominan los telediarios: multitudes de refugiados
llegando a las costas del sur de Europa desde África o las peregri-
naciones de decenas de miles de inmigrantes ilegales de Latinoamérica que se agolpan contra el muro a lo largo de la frontera del
río Bravo en Estados Unidos.

En aquella película basada en la novela homónima de P. D.
James y dirigida por Alfonso Cuarón, entre las nieblas de la omnipresente polución, mientras se escuchan las escaramuzas entre
guerrillas urbanas y un ejército, también vemos los anuncios de
Starbucks y Coca-Cola como *attrezzos* de fondo. La publicidad
convive con las jaulas para refugiados e inmigrantes. Estas no
son solo las jaulas que encuadran el descorazonador paisaje de
un mañana cercano. Esas son también las jaulas que encallan los
horizontes de la imaginación del presente en aquel diagnóstico

del teórico marxista Fredric Jameson atribuido a Slavoj Žižek: «Es más fácil imaginar el fin del mundo que imaginar el fin del capitalismo».

Entre la ironía y el éxtasis melancólico con que los pintores románticos contemplaban los restos del pasado clásico, los espectadores asistimos al naufragio, a la naturalización impuesta del fracaso de toda alternativa a lo real. Esta distopía situada en un Reino Unido, donde las políticas antiinmigratorias y la concentración de capital son un paisaje no tan extraño, no tan alejado de la convulsa agenda política del presente, es el ejemplo al que recurre Mark Fisher, en su paradigmático *Realismo capitalista ¿No hay alternativa?* (2014), para ilustrar su tesis central: la cancelación de cualquier alternativa ideológica al neoliberalismo.

En ese libro de referencia para la crítica cultural de la última década, el autor británico parafraseaba el tristemente célebre eslogan lanzado por Margaret Thatcher (*¡No hay alternativa!*) para diagnosticar las experiencias históricas del neoliberalismo y la desregulación del mercado global como el único horizonte ideológico posible después del llamado «fin de la historia» que sobrevino a la implosión del régimen soviético.

El concepto «realismo capitalista» fue acuñado de manera irónica por un grupo de artistas alemanes para designar una tendencia en la pintura de los años sesenta. Sin embargo, el teórico británico resignificó tal categoría y, haciendo alarde de su habitual pesimismo, afirmó que el realismo capitalista es la experiencia contemporánea de un eterno presente con la certidumbre de que el futuro y la utopía han sido clausurados, a la vez que el pasado se repite una y otra vez bajo la forma de la nostalgia y la retromanía. Con esta propuesta, Fisher se propone no solo diagnosticar el inmovilismo y la falta de alternativas, sino profundizar y actualizar la dicotomía posmodernismo/posmodernidad, conceptos que al igual que el de neoliberalismo, según el autor, no alcanzan para describir el presente.

En tal dirección, tanto en el plano cultural como laboral y educativo, el realismo capitalista sería la «persuasiva atmósfera social» que se impone sin fisuras en el presente y el futuro evidenciando la total carencia de alternativas. Inspirado en las desasosegantes imágenes de la película de un mundo que desfallece, en ruinas ante una pandemia de esterilidad, Fisher parafrasea aquella máxima afirmando que: «El capitalismo es lo que queda en pie cuando las creencias colapsan en el nivel de la elaboración ritual o simbólica, dejando como resto solamente al consumidor-espectador que camina a tientas entre reliquias y ruinas» (2014: 26). Así, el autor asume la distancia irónica de los pintores y poetas románticos frente a la catástrofe, desde un escepticismo que no deja lugar para la utopía. Sin embargo, en otras latitudes, como en Latinoamérica, donde la experiencia histórica del futuro y el progreso han sido diferentes, otros discursos han emergido en los últimos años.

84

## 3. Entre el pasado, el presente y el futuro: la imaginación latinoamericana

En Latinoamérica y el llamado *sur global,* el apocalipsis es, fue y será una experiencia recurrente. Debido a su violenta historia de colonización y el legado de dependencia económica y política de Europa y, después, de Estados Unidos, en Latinoamérica el fin del mundo se ha vivido una y otra vez. Debido a su historia de inestabilidad política y económica crónicas, el fin del mundo es una pesadilla recurrente. Además, es una condena cíclica de un presente asaltado continuamente por el pasado traumático que asedia a los sobrevivientes de la catástrofe civilizatoria del colonialismo: «Vivimos el pasado de un futuro que no es el nuestro. Esta es una historia de fantasías utópicas e idealización apocalíptica. Es un orden social global patógeno de futuros imaginarios, construido sobre el genocidio, la esclavitud, el ecocidio y la ruina total» (AA.VV., 2020). Esta declaración del *Manifiesto indígena antifuturista* formula no solo la experiencia reiterada del apocalipsis en el pasado, sino también un presente y un futuro devastados por los estragos del neoliberalismo, la distribución desigual de la riqueza, las promesas incumplidas de una modernidad contradictoria y la evidencia de que las comunidades aborígenes en América ya han pasado por un apocalipsis.

Afines a estas representaciones de un futuro que no les pertenece, en los últimos años, una serie de escritoras latinoamericanas refractan una versión de la vida que emula y quizás supere la eficacia emocional del realismo psicológico para representar este espíritu de época. Catástrofes ecológicas, viajes en el tiempo, parábolas sobre la incomunicación contemporánea o tópicos paranormales góticos son los temas centrales de las multipremiadas y reconocidas a nivel internacional *Distancia de rescate* de la argentina Samanta Schweblin (2014), *La mucama de Omicunlé* de la escritora y música dominicana Rita Indiana (2015) o, más recientemente, *Mugre rosa* (2020), la última novela de la escritora uruguaya Fernanda Trías.

Estas son novelas corales o de una gran intensidad lírica que cuestionan los límites entre el género especulativo y el realismo. Además, sus protagonistas son mujeres, madres y mujeres transexuales lanzadas al desastre por arriesgados pactos que involucran transmutaciones biológicas en el escenario de las ruinas de catástrofes políticas y ecológicas. Finalista del prestigioso Man Booker Prize y adaptada recientemente al cine por la directora

Claudia Llosa con guion realizado por la propia autora, en la novela *Distancia de rescate* (2014) se plantea una inquietante aptitud, digamos «paranormal», de la maternidad resumida en este diálogo:

> *¿Por qué las madres hacen eso?*
> ¿Qué cosa?
> *Lo de ir siempre delante de lo que podría ocurrir, lo de la distancia de rescate.*
> Es porque tarde o temprano sucederá algo terrible (2014: 33).

La «distancia de rescate» que da título a esta breve novela es la presunta capacidad «natural» de las madres de actuar como una especie de radar humano, ya que pueden estar distraídas, charlando de cuestiones banales mientras, al mismo tiempo, saben, intuyen dónde se encuentra su prole sin tenerla frente a sus propios ojos. La eficacia antropológica de «desnaturalizar» esa presunta aptitud de las madres en una historia de fantasmas con entorno rural es un hallazgo literario que, sumado a su eficiente realización técnica (diálogo directo, descripciones fugaces pero precisas, acelerado ritmo narrativo), recibió reconocimiento del público y de la crítica internacional.

Además, en su trama se reescribe un tópico gótico, típico de las historias de fantasmas, el de la transmigración de almas, a la vez que presenta los efectos de la contaminación por glisofato, un pesticida muy contaminante y que está provocando estragos en la pampa argentina. Estos recursos de género, los tópicos característicos de la ficción gótica y la distopía asociada a la contaminación ecológica han sido leídos de distinta forma en diferentes lugares del mundo. Lo que en Latinoamérica los lectores experimentan como una representación directa de una realidad concreta, la contaminación, en los países desarrollados se lee como con un corrimiento, un leve desplazamiento al futuro cercano, en clave de distopía.

Intensamente conectada con los ecos reverberantes de la diáspora africana, pero en el Caribe latinoamericano, en *La mucama de Omicunlé* de Rita Indiana (2015) conviven de manera promiscua géneros literarios y sexuales con el pasado, presente y futuro de las Antillas. A través de un intenso arco narrativo que presenta a tres personajes conectados entre sí a través del tiempo, sus peripecias abarcan desde los saqueos de los bucaneros en el siglo XVII hasta el presente desastre ecológico global que implica la contaminación de los arrecifes de coral. Además, la escritora dominicana realiza una irreverente sátira sobre el mundo del arte contemporáneo y la subcultura de la música electrónica. Protagonizada por las peripecias de Alcide, una mujer trans que trabaja como mucama de Esther Escudero Ominculé, bruja y principal asesora del presidente de un distópico país antillano, la novela está regada de rituales, invocaciones a la mitología yoruba y el culto a los Orishas:

> De una bolsa de algodón blanco sacó un puñado de caracoles. Con ellos en la mano, comenzó a frotar la estera con movimientos circulares. Primero pidió frescura: «Omi tuto, ona tuto, tuto ilé, tuto owo, tuto omo, tutuo laroye, tuto arikú babawa». Luego alabó a las deidades que rigen a todas las otras: «Mogyuba Olofin, mogyuba Olodumare, Mogyuba Olorun…». Rindió homenaje a los muertos de la religión: «Ibaé bayen tonú Oluwo, babalosha, iyalosha, iworó». Colabba to' esa ciencia, colabba to' esos muertos. Rindió homenaje a sus maestros: «Ibaé bayen tonú Lucila Figueroa Oyafunké Ibaé, Mamalala Yeyewe Ibaé, Bélgica Soriano Adache Ibaé…» (2015: 23-24).

Sin embargo, el puente entre ese pasado espiritual y ancestral de resistencia al legado colonial, personificado en la religión afroamericana, con un futuro distópico hundido en la catástrofe, no será una conexión basada en la nostalgia y la restauración costumbrista. Al contrario, la invocación al poder del pasado mitológico llevará consigo la promesa de una inesperada redención final. En *La mucama de Omicunlé,* Rita Indiana reescribe la tradición oral de la sincrética mitología yoruba, pero sin distanciamiento irónico, celebrando una posmodernidad latina, barroca y felizmente contradictoria.

De esta manera, la ficción especulativa, a través de la distopía y la ciencia ficción, está siendo el terreno de pruebas para la incertidumbre, y las autoras latinoamericanas que no necesariamente se enmarcan en el género especulativo recurren a sus tópicos. Así lo hizo también la escritora uruguaya Fernanda Trías en su última novela *Mugre rosa* (2020), galardonada en 2021 con el prestigioso Premio Sor Juana Inés de la Cruz que otorga la Feria del Libro de Guadalajara.

En esta historia situada en un entorno distópico en una anónima ciudad portuaria, una mujer cuida a un niño con una compulsión por la comida, mantiene una relación intensa con su madre, a la vez que visita a su exmarido internado en un hospital. Y todo sucede en un entorno donde una plaga de algas ha contaminado el mar y un viento rojo asalta de forma intempestiva la ciudad, marcando el ritmo de los días con el sonido de las alarmas que advierten de su presencia.

A pesar de la preeminencia de este contexto natural agresivo y decadente, la dinámica de relaciones que se establece entre los personajes a través de diálogos ágiles y con mucha suspicacia poética, la autora ausculta este mundo en disolución donde la catástrofe no está solo allá afuera, sino latiendo adentro, en cada uno de nosotros. Al igual que en *Melancolía* (2011) de Lars Von Trier, en *Mugre rosa* el apocalipsis no es un hecho objetivo que sucede afuera, en el exterior, sino una experiencia internalizada por los personajes, sujetos-sujetados a esos mundos menguantes donde, como veremos a continuación, la vida humana tal como la conocemos comienza a transformarse en otra cosa.

## 4. Descolonizar la imaginación: el feminismo especulativo y el fin del excepcionalismo humano

Si bien estas tres novelas latinoamericanas contemporáneas parecen confirmar la tesis de la cancelación del futuro profesada por Mark Fisher y repetida hasta el cansancio como un diagnóstico pertinente ante la verificación de la falta de alternativas ideológicas al neoliberalismo rampante, otros imaginarios de la ficción especulativa alumbran nuevas posibilidades del futuro entre las ruinas del capitalismo.

89

Un indicio de ello es que el género de la distopía ha vivido un renacimiento no solo en el mundo del cine *mainstream* y en el independiente o de autor, sino también en el redescubrimiento de autoras del pasado. Las celebradas reediciones de maestras anglosajonas que estaban descatalogadas o no estaban traducidas aún, como Ursula K. Le Guin u Octavia Butler, expresan este renacer del interés en la distopía. Dentro de este fenómeno también debemos reconocer parte de la obra novelística de la escritora canadiense y eterna nominada al Nobel, Margaret Atwood.

Autora prolífica y activista ecologista, a pesar de su amplia obra que abarca desde la poesía el ensayo hasta la novela histórica y la ficción especulativa, la popularidad a nivel mundial le llegó a Atwood, como ya se ha mencionado, gracias a la adaptación televisiva de *El cuento de la criada* (2017—), una distopía inspirada por hechos puramente históricos, como los regímenes totalitarios en la antigua Unión Soviética y, sobre todo, en las dictaduras islámicas donde el control de los cuerpos de las mujeres quizás supere las representaciones posibles.

Dentro de todas estas esperadas traducciones y publicaciones, la nueva edición de *Oryx y Crake*, de la trilogía *MaddAddam* de Margaret Atwood (2021), nos presenta un escenario donde el fin del mundo ya ha sucedido. Pero, en lugar de dar paso a la barbarie y la desintegración del mundo civilizado como sucede en *The Road* (2009) o en *Mad Max. Fury Road* (2015), en esta sugestiva distopía, se cuestiona la excepcionalidad humana de un modo muy poético. Se discute la creencia de que la especie humana tiene un estatus especial en la naturaleza, validada por tendencias del paradigma evolucionista, que justifica la imposición de la voluntad humana sobre el entorno natural y las demás especies. Ese tipo de pensamiento antropocéntrico que ha conducido a nuestra especie hasta la actual crisis ecológica global, acentuada aún más por los sucesivos modelos extraccionistas, aparece cuestionado en esa novela de Atwood.

En esta historia posapocalíptica, Atwood introduce a Jimmy, ahora denominado Hombre de las Nieves. Él llora la pérdida de Crake, su mejor amigo, y de la esquiva Oryx, de quien ambos estaban enamorados en el pasado, mientras contempla el pasar de los días en absoluta soledad. El personaje se encuentra a merced de una naturaleza que, luego de una serie de desastres ecológicos originados en un laboratorio, se ha transformado de manera imprevisible. Con el móvil de revelar qué paso a sus lectores, el protagonista realiza un doble periplo hacia su pasado y hacia la burbuja de alta tecnología creada por Crake, el lugar donde empezó todo. Con una capacidad lírica que denota más melancolía que la sugestión ante el fin del mundo como lo conocemos, esta novela acuna la redención en medio de la catástrofe, esquivando el impulso prometeico y salvífico que ha caracterizado a la épica humana contra el fin del mundo.

«Empecemos por el fin del mundo. ¿Por qué no? Superémoslo y pasemos a cosas más interesantes». De este modo comienza la novela *La quinta estación* de N. K. Jemisin (2015). La frase inicial de Jemisin se exhibe a sí misma como parte de una tradición donde el apocalipsis es solo el comienzo de una historia que no seguirá narrando la soberbia de la humanidad.

El expolio de los recursos naturales por parte de sucedáneos modelos económicos extractivistas y la consecuente catástrofe ecológica y climática han sido planteadas, desde los años setenta, en obras de gran reconocimiento como la del escritor británico James G. Ballard o, más recientemente, en la ciencia ficción climática de Kim Stanley Robinson y su celebrada trilogía sobre Marte como el espejo invertido de una Tierra futura en imparable proceso de desertificación. Sin embargo, a diferencia de estos narradores, algunas autoras de ciencia ficción esquivan tanto el cinismo misantrópico de las distopías ballardianas como el escapismo extraterrestre de Robinson para expresar una cierta capacidad de redención en la distopía. Es decir, la posibilidad de una salvación en medio del desastre. Con una actitud resignada, pero que acuna el germen de la esperanza, la teórica Donna Haraway en *Seguir con el problema. Generar parentesco en el Chthuluceno* (2019b) anima a reconocer la impotencia humana ante la catástrofe ecológica.

A través del concepto Chthuluceno, Haraway realiza un aporte a la discusión sobre el Antropoceno. Originado en el campo de la geología, este controversial concepto fue acuñado para formular la hipótesis de que la huella humana en la Tierra es irreversible y podría considerarse una era geológica más dentro del actual Holoceno. La transformación de nuestra especie, que pasa de ser simple agente biológico o social a una fuerza geológica capaz de afectar el sistema planetario y su destino, produce una angustia metafísica, que contrasta con el optimismo del discurso tecnofílico.

En tiempos donde el Antropoceno da nombre a la actual edad geológica donde la especie humana (*anthropos*) ya ha dejado su huella contaminante en los ecosistemas terrestres de modo irreversible, a través de un iluminador oscurantismo teórico, Haraway interpela esas frágiles certidumbres apuntaladas por el mito de la separación entre «naturaleza» y «tecnología» (o «cultura»). Y nos advierte de la sombra de un Chthuluceno asomando en el futuro inminente. Cthulhu es la deidad superior en la cosmogonía de horror metafísico de H. P. Lovecraft y es representado como un monstruo con propiedades cefalópodas y alas de dragón. Y si bien algunos autores representativos de tendencias teóricas como el realismo especulativo, como Graham Harman o Eugene Tacker, convergen con el nihilismo cósmico del escritor de Providence, Haraway se desmarca de esa referencia. Su teoría se inspira en el prefijo «Cht» y las deidades ctónicas, subterráneas, tentaculares, ligadas a los poderes terrestres en diferentes mitologías. Por lo tanto, el Chthuluceno sería un futuro muy cercano donde lo humano establecerá inseparables vínculos tentaculares con lo no humano, como las demás especies biológicas y la tecnología, dando lugar a nuevas formas de lo que actualmente denominamos como «vida».

Además, a diferencia de las teorías aceleracionistas, el aporte de Haraway (2019b) va más allá de la verificación de la catástrofe. En su propuesta de una alianza interespecies, unas nuevas relaciones de parentesco con otras manifestaciones de la vida con las que la humanidad convive entre las ruinas, el Antropoceno aparece como límite, como frontera, y no como un destino final:

> El Chthuluceno, todavía inacabado, debe recolectar la basura del Antropoceno, el exterminismo del Capitaloceno; trocear, triturar y apilar como un jardinero loco, hacer una pila de compost mucho más caliente para pasados, presentes y futuros aún posibles (Haraway, 2019b: 98).

Del mismo modo, a través de proponer una nueva temporalidad, un presente extendido que abarca un pasado y un futuro inmediatos, la autora interpela a sus lectores a realizar un ejercicio especulativo. De una manera lúdica, Haraway (2019b) invita a «especular», en el sentido de imaginar y crear nuevas comunidades posibles. Su propuesta parte de las múltiples combinaciones de la contracción «SF», una metáfora de cómo deberíamos encarnar las historias que nos contamos a nosotros mismos en este planeta desfalleciente: «Science Fiction», «Speculative Fiction», «Science Fabulation», «Speculative Feminism». Todo ello desde la confluencia entre la teoría-ficción de imaginar las múltiples variedades y entramados de una utópica convivencia transespecista. Una convivencia que haría posible la supervivencia en este planeta en ruinas, en proceso de catástrofe ecológica irreversible.

Además de la trilogía *MaddAddam* de Margaret Atwood, novelas más recientes como *El libro de Joan* de Lidia Yuknavitch (2018) plantean también las nuevas alianzas, así como la posibilidad de abrazar el desastre y las consecuentes ruinas como un lugar donde puede crecer una esperanza poshumana. En un mundo donde la Tierra es solo un desierto estéril, Christine, su protagonista, es un andrógino poshumano que vive en la CIEL, una nave que circunda la Tierra, donde viven los únicos supervivientes. Desposeídos de órganos genitales, tatúan en sus cuerpos, a través de un sistema de escarificaciones, sus deseos y pulsiones sexuales reprimidas:

Enlacé Eros con Tánatos y me puse a recrear la historia de nuestros cuerpos, no como especie procreadora que aspira a la supervivencia, sino más bien como abismos deseantes, creación y destrucción en un movimiento perpetuo e infinito (2018: 33).

Sin embargo, cuando la leyenda de Joan, una niña con el doble poder de aniquilar a la vez que dar vida, comience a emerger, avivará la llama de la esperanza en quien cuenta esta sublime narración. Una reescritura del pasado se realiza a través de la recreación de la vida de Joan D'Arc, la joven guerrera devenida santa, en la que está inspirada Joan, la protagonista de la novela. Y a ella se le suman otros dos personajes históricos: Christine de Pizan, la primera escritora profesional de Occidente y Jean de Meun, el autor de *Le Roman de La Rose*. Ambos estuvieron confrontados por una polémica, Le Querelle de Les Femmes. Un debate sobre las diferencias de género y el lugar de las mujeres en el espacio público que se extendió desde el siglo xv hasta el xix y comienzos del siglo xx y fue aliciente del movimiento sufragista. Así, esta lírica distopía poshumana trenza pasado y futuro, con el tono testamentario-bíblico sugerido en su título (*El libro de Joan*, escrito por su testigo, Christine), proponiendo una reescritura mitológica (Joan como Joan d'Arc y también como la diosa Gaia-Gea) donde el doble poder de dar la vida y la muerte será lo único que aliente la esperanza en esa humanidad menguante.

En conclusión, con la proliferación de imaginarios sobre el fin del mundo y la distopía, estas nuevas «mitofísicas» expresan nuestra ansiedad e incertidumbre ante la conciencia compartida de que el proyecto occidental de una construcción social de la realidad se ejecutó bajo la forma desastrosa de una destrucción natural del planeta. Estas ficciones suscitan la necesidad de repensar la relación entre lo humano y lo no humano bajo las visiones catastróficas de un mundo sin nosotros o de una humanidad sin mundo. Por el contrario o llevando las tesis del realismo capitalista, el feminismo especulativo, alienta nuevas versiones sobre la antiquísima idea de «fin del mundo». Y ante la cada vez más evidente gravedad de la crisis ambiental y civilizatoria, los discursos literarios de novelas recientes como *Mugre rosa* (2020) de la escritora uruguaya Fernanda Trías o *El libro de Joan* de Lidia Yuknavitch (2018) emergen como epígonos de las distopías de Atwood donde el fin es un límite, una frontera que abre una nueva continuidad. Por lo tanto, el fin del mundo no es sino la excusa para nuevas alianzas y horizontes posibles más allá de los límites de lo humano.

# Capítulo VII

# Espejos y ventanas al futuro cercano: monstruos y distopías en el arte contemporáneo

> So instead I think we need to engage with dystopian fiction
> that extrapolates from the white, able-bodied,
> colonial, heteropatriarchy that structures our world.
>
> Out of the Woods collective

## 1. Arte contemporáneo y especulación poshumanista

Cerca de la conclusión de su célebre *Manifiesto para cyborgs,* Donna Haraway agradecía a un grupo de escritores de la *New Wave* de la ciencia ficción de los setenta, como Joanna Russ, Samuel R. Delany, James Triptee Jr. y Octavia Butler, por su involuntaria contribución a ese nuevo mito sobre la identidad y los imaginarios políticos contemporáneos: el cíborg. De la misma manera, una nueva generación contemporánea de artistas de diversos orígenes culturales contribuye desde la investigación especulativa, es decir, desde la exploración de las preguntas más que desde la formulación de respuestas, en las posibles arqueologías de futuro, especulando con sus fronteras poshumanas. Así, monstruos de todos los tiempos y distopías se conjugan en su trabajo y dan lugar a nuevas mitologías para el presente y el futuro.

## 2. Fábulas del compost: los paisajes del Antropoceno

Las esculturas e instalaciones de la artista Lucía C. Pino (Valencia, 1977) nos sumergen en una incubadora del futuro: diferentes cuerpos y sistemas ensamblan lo orgánico y lo inorgánico, y activan en el espectador otros modos de percibir las jerarquías preestablecidas entre lo humano y la materialidad de su entorno físico. Aunque su foco principal sea la escultura, esa técnica no limita su interés en el objeto o lo tangible de forma exclusiva. En su búsqueda de elaborar una crítica a la hegemonía de la imagen bidimensional, y también de producir un discurso antiliberal desde el arte, Lucía C. Pino apela con su obra a estimular el tacto activo, la llamada percepción háptica. Este es un sistema de percepción, integración y asimilación de sensaciones que es la base del aprendizaje, por ejemplo, de las personas con discapacidad visual.

En su trabajo con materiales encontrados, como el hormigón o escombros industriales, como lo hizo en la instalación *Non-Slave Tenderness* (2018), la artista experimenta, además, con metacrilato, escayola, metal y latón, así como con sistemas de sonidos, lumínicos e hidráulicos que expresan su propia gramática, su propio sistema simbólico y de retroalimentación. Al igual que en *Torrent Echidna Attractor* (2017), una escultura de gran formato donde cada material obtiene su significado en contacto con los otros, sin un intento de orden y dominación sobre la materia.

Su obra activa en el espectador imaginarios estéticos tanto del cine como de ciencia ficción especulativa, animándolo a inventar cosmogonías, posibles mundos, nuevas simbiosis, otras formas de convivencia no competitiva entre lo humano y lo no humano. Por eso, en sus esculturas alienígenas late el germen de la crítica contemporánea al antropocentrismo y los presupuestos poshumanistas de la teórica Donna Haraway (que presentamos en el capítulo anterior) y, sobre todo, a los objetivos de *Materia vibrante. Una ecología política de las cosas*, de la filósofa Jane Bennett:

> El proyecto político del libro es, para decirlo de la manera más ambiciosa, promover interacciones más inteligentes y sustentables con la materia vibrante y las cosas animadas. Una pregunta rectora: ¿cómo cambiarían las respuestas políticas a los problemas públicos si nos tomáramos en serio la vitalidad de los cuerpos (no-humanos)? (2022: 10).

En esta dirección, en la obra de Lucía C. Pino, la materia, las fuerzas no humanas resisten al lenguaje y el discurso, demostrando su poder, su omnipresencia, como si fueran especies que se interrelacionan en un sistema abiótico. Ecologías no biológicas, ya que cada pieza-organismo funciona dentro de un sistema propio interconectado de modo tentacular con los demás. Una invitación a atravesar umbrales ontológicos, a augurar nuevas formas de experimentar lo que, en un presente marcado por una irreversible catástrofe ambiental, conocemos como «vida».

En un singular paralelo, la obra de la escultora Julia Varela (Madrid, 1986) explora escenarios similares, donde lo humano se extingue, desaparece, consumido por la entropía de su propia toxicidad. El material con el que trabaja Varela son las pantallas de plasma. Omnipresentes en todos los hogares de Occidente, nuestro desconocimiento acerca de los compuestos químicos que los componen es total. Y esto está expresado con una singular poética oscura en las instalaciones y esculturas de esta artista. En una de sus obras, *Mehr Fantasie* (2017-2018), que consiste en una instalación y una pieza de vídeo, Varela materializó las relaciones entre modernidad tecnológica y alienación desde las cenizas de nuestros futuros caducos.

Esta obra consiste en un sencillo rectángulo de arena gris con destellos sospechosamente brillantes instalado en el suelo. Algo inquietante en su color, un gris ceniciento advierte que no es exactamente arena con todas las promesas de felicidad obligatoria que el paisaje de playa promete. Pero esto no será más que la introducción. Con el vídeo complementario con esta pieza, asistimos a una puesta en abismo. Estas son las cenizas de las omnipresentes pantallas de plasma que, como espejos negros, se convierten en la piel de nuestro presente. La artista las redujo a cenizas, provocando esa arena gris, altamente contaminante. Y en la filmación del proceso de incineración de ese material plástico tóxico que convive en nuestros hogares emerge una superficie «extraplanetaria» que a la vez evoca la piel de un animal anfibio. Entre lo humano, lo animal y lo poshumano, lo orgánico y lo inorgánico en esta sugestiva pieza de Julia Varela, la toxicidad que nos habita se materializa dejando de ser solo una metáfora para devenir un oscuro indicio de la superficie que pisamos y respiramos.

El trabajo de Pakui Hardware, un duo lituano formado por Ugnius Gelguda y Neringa Černiauskaitė, consiste en esculturas e instalaciones híbridas, que recuerdan a entornos futuristas o biológicos, utilizan materiales como el vidrio, la piel artificial, los textiles, el cuero, las semillas de chía, la tierra, la silicona, el metal y los plásticos. En los últimos años, su trabajo ha explorado cuestiones en torno a la medicina contemporánea, imaginando posibles futuros en los que las limitaciones materiales se trascienden, fragmentando, multiplicando y recreando cuerpos humanos y no humanos.

Suspendidos entre lo físico y lo virtual, lo corporal y lo digital, los «cuerpos» transparentes termoformados o de resina de

Pakui Hardware se abstraen en formas biomórficas esculturales que están presentes y se borran al mismo tiempo. Parcialmente inspirados en las pinturas de la artista lituana Teresė Rožanskaitė de los años setenta y ochenta, estos cuerpos son huellas, cáscaras de carne, exoesqueletos dominados por la tecnología. En sus piezas e instalaciones, como en *Absent Touch* (2020-2021), una reciente exposición en Berlín, con reminiscencias de laboratorio aséptico o sala de medicina forense, se expone la dicotomía entre máquina y humano, la naturaleza versus lo artificial, con formas híbridas, estructuras industriales y esculturas como obras amenazantes donde la singularidad tecnológica y los límites médicos del cuerpo humano nos interpelan.

De esta manera, a través de la escultura y la instalación, tanto Lucía C. Pino, como Julia Varela o el dúo Pakui Hardware traman con sus piezas e instalaciones ficciones de un presente extendido donde habitamos la transición del Antropoceno al Chthuluceno advertido por Donna Haraway (2019b). Evitan así el lugar común de regodearse con un relato del apocalipsis distópico desde la perspectiva antropocéntrica y proponen una estrategia de la disidencia. Sus obras son fábulas del compost, elegías sobre los restos de lo humano en continua fusión con la piel de lo inorgánico y los desechos emergentes entre superficies de concreto que florecen entre residuos contaminantes de nuestros hábitos de consumo. Como si, al igual que en las cenizas de plasma de Julia Varela o materialidad del concreto en Lucía C. Pino, el oscuro compost del Chthuluceno anidara nuevas posibilidades de emergencia de nuevas mitologías y relatos en un planeta en constante mutación más allá de la agencia humana.

## 3. Entre la mitología y la ciencia ficción: convergencias de escalas temporales

Apelando a imaginarios donde converge el pasado político cercano de las antiguas repúblicas soviéticas con un futuro mitológico, el trabajo de la artista Emilija Škarnulytė (Vilnius, 1987) verifica, al igual que el dúo Pakui Hardware, que Lituania se está convirtiendo en uno de los polos artísticos de Europa. Con una estética audiovisual que va desde lo documental a lo ficcional, los sugestivos films de esta joven artista interpelan a su audiencia invocando la convergencia de diferentes escalas temporales: la del tiempo profundo, es decir el tiempo cósmico y geológico, cuantificable más allá de la escala humana, hasta el ecológico y el político, de nuestra historia reciente.

Esta confluencia entre el tiempo de la mitología, el cosmológico y el de la historia política reciente, se evidencia en *Sirenomelia* (2017). En este film, una mujer nacida con sirenomelia, un ser mitológico poshumano (encarnado por la misma artista), representa un retrato cósmico y un contramito de una de las criaturas legendarias más antiguas de la humanidad: la sirena. Ella nos lleva de viaje a la base de submarinos Olavsvern. Una base de la Marina Real Noruega, abandonada después del fin de la Guerra Fría y situada a 350 kilómetros al norte del Círculo Polar Ártico.

Con este personaje, la artista nos guía por las profundidades marinas de esta base abandonada a través de interminables piscinas, túneles y canales, siendo testigo de todo ello atrapado en un ciclo de eterno retorno de la vida a la muerte y al renacimiento. Los restos monumentales de la tensión bélica semejan una arqueología del futuro donde, a consecuencia de la inminente subida del nivel oceánico, una poshumanidad, representada por la sirena, volverá a su origen anfibio. Škarnulytė, reconocida como artista emergente en la Bienal de Arte de Venecia en 2019, elabora una meditación sobre las ruinas y las posibilidades de la humanidad vistas a través de la extensión infinita del tiempo. Su obra propone una meditación poética y científica sobre las mitologías poshumanas, la arqueología del futuro y las estructuras invisibles que nos envuelven.

## 4. «Prefiero ser un genio que un cíborg»: monstruos y nuevas mitologías

Más cercana a nuestras coordenadas espaciales, la obra reciente de la artista Raisa Maudit (Tenerife, 1986) ofrece toda una experiencia inmersiva de tiempos vampíricos que es *The Vampire Manifiesto* (2021). Consiste en una instalación sonora, una *performance*, una composición musical, más de cincuenta esculturas, una novela, y, como afirma la autora en la presentación del proyecto, «veinte años de vivencias o de veinte millones de años de resistencia dentro de una exposición que pide al espectador cambiar la velocidad del tiempo de absorción del contenido de la misma». La exposición, como una monumental garganta sedienta, es un vampiro en sí misma. Así es como del monstruo de leyenda a las metáforas sobre el extractivismo capitalista contemporáneo, el vampiro deviene símbolo de resistencia sistémica.

Inspirada tanto en el Teatro del Terror francés como en los usos alegóricos desde Marx hasta las teorías culturales de vanguardia de Mark Fisher, con guiños al cine y la literatura, así como a la cultura *pulp* y el *giallo*, un subgénero italiano del terror, en esta instalación con reminiscencias operísticas todos sus elementos están interconectados entre sí, en una instalación de instalaciones donde lo monstruoso se materializa con todo su poder, en una reapropiación que augura nuevas alianzas entre lo femenino y lo abyecto.

El vampiro como monstruo y mitología originaria de Europa del Este ha devenido metáfora de los males de Occidente a través de diferentes apropiaciones y recuperaciones. En esta dirección, otra artista propone una relectura de los monstruos, pero de Medio Oriente. Interpelando el pasado mitológico desde el presente, en su proyecto *She Who Sees The Unknown* (2016-2021), la artista iraní Morehshin Allahyari (Teherán, 1985) conjetura con nuevos horizontes de la imaginación especulativa a través de narrativas donde confluye el pasado de leyenda con el futuro. Uno de los principales conceptos a los que recurrió fue la refiguración (*Re-Figuring*) de estos «monstruos» de la mitología, deudora de la teoría de Donna Haraway y sus refiguraciones «feministas».

Al formularse la pregunta «¿Cómo podemos reimaginar otro tipo de presente y futuro a través de reimaginar el pasado, especialmente el tipo de pasado que está olvidado o mal representado?» la artista recuperó los *jinn* (genios) de la imaginación oriental. Representados tradicionalmente como monstruos malignos, Huma, Aisha Kadisha y Kaobous fueron «refigurados» a través de imágenes e impresión 3D, instalaciones y películas con tecnología de realidad virtual por esta emergente artista iraní.

Las historias de estos *jinn* retratan figuras femeninas o de género neutro que son monstruosas a la vez que son poderosas. Sin embargo, con el paso del tiempo su poder fue representado con menos frecuencia que muchas historias míticas protagonizadas por el arquetipo del superhéroe masculino, más populares tanto en Oriente Medio como en Occidente. Allahyari recupera, por ejemplo, en la figura de Huma, un genio conocido en varios cuentos y mitos orientales como un demonio que aporta calor al cuerpo humano y es responsable de la fiebre. En una narrativa que va de la ficción a la autobiografía, la artista cuenta una nueva historia sobre Huma, en la que su poder (atraer el calor al cuerpo humano) es reapropiado para responder a un horror contemporáneo de nuestro tiempo: el cambio climático y la degradación del medio ambiente.

En consecuencia, a través de una serie de relatos poéticos, Huma se convierte en la figura para equilibrar esta injusticia, nivelando toda la temperatura a nivel humano y global. Este es un acto de justicia que señala la disparidad de los efectos de la actual crisis ecológica. La salida propuesta por la artista en la voz del genio Huma es descolonizar esos enfoques y proponer una imaginaria solución igualitaria donde todas las clases sociales serán afectadas de igual manera. En esta misma dirección, aunque en una clave más intimista, Allahyari también recupera la figura de Kabous/Al-Kabus, otro monstruo de la mitología oriental.

Conocido también como Al-Jathoom (que significa «pesadilla»), este es un *jinn* que desciende al pecho de sus víctimas, cual íncubo maligno, para alimentar sus pesadillas y horrores nocturnos. Y con el *retelling* de los cuentos que escuchó de niña, la artista «posee» a través de este genio a los espectadores de su película de realidad virtual. Los transporta a un *hammam* (baño público) donde se relatan las historias de cuatro generaciones de mujeres (la de su abuela, su madre, ella misma y una imaginaria hija monstruosa), ofreciendo la oportunidad de examinar las complejidades de la maternidad, la guerra, el parto, el parentesco y la posible manifestación de un trauma epigenético, almacenado en el ADN a través de generaciones. Así, al abrazar la «monstruosidad» de estas figuras, la artista alumbra nuevos seres y devenires capaces de desafiar las estructuras de poder vigentes.

Otro monstruo resignificado por Allahyari es Aisha Qandisha, una de las genios más respetadas y temibles del Islam. Originaria del folklore de Marruecos, también se la conoce como «la genio de los ríos» y «la abridora», porque cuando Aisha posee a los hombres, crea una grieta en su cuerpo. Aunque no se apodere del huésped, lo abre al exterior y lo expone a una tormenta de genios penetrantes, convirtiéndolo en una especie de zona de tránsito para fuerzas ultraterrenas. Además, nunca lo abandona, reside en el cuerpo del huésped para garantizar su total apertura y la única forma de mantenerse cuerdo cuando se está poseído por ella es escucharla e interactuar con ella. Si uno no se abre a este proceso de destrucción y reconstrucción, el resultado será el delirio y una locura incurables.

A través de una pieza de videoarte, la artista utiliza el poder y la posesión de Aisha Qandisha para compartir una historia de amor personal en la que se abordan experiencias como la masculinidad tóxica y el abuso emocional. Además, la artista focaliza las experiencias de las mujeres racializadas, en las que la expresión de la rabia y el enojo suele interpretarse como «despecho» y sus lágrimas suelen ser invisibles ante la fragilidad de las mujeres blancas.

De esta manera, en *She Who Sees The Unknown* al refigurar la «monstruosidad» de estos monstruos femeninos malignos, la artista no solo aplica un concepto clave del feminismo especulativo de Donna Haraway, sino que hasta lo cuestiona. «Prefiero ser un genio a una cyborg», afirma Morehshin Allahyari. Expresa así sus propios saberes situados en su experiencia biográfica en Irán para alumbrar nuevos imaginarios que sean capaces de desafiar y cambiar las estructuras de poder.

Con sus singulares discursos estéticos, que abarcan desde el lenguaje de la escultura, la instalación, la *performance*, la pintura, la realidad virtual y el videoarte, estas artistas señalan la emergencia de un nuevo mito en Occidente y también en Oriente: el progreso, la ciencia y las nuevas tecnologías. En sus obras, las condiciones contemporáneas de producción de conocimientos, tecnologías y la colonización digital son desnudadas, sirviéndose de ellas como matrices de ficción y nuevas mitologías. Evitan, así, la autocomplacencia pasiva y unidimensional ante los más severos diagnósticos y proyecciones sobre la actual crisis ecológica; sus obras nos sumergen en un presente inquietante, acunado por la oscura poesía de las profecías del Antropoceno. En su relación estética con la inmediatez del desastre evocan a la vez un espejo y una ventana, reflejo y proyección, ejercicio de distancia con este presente que se disuelve en elasticidad inorgánica y no biodegradable de un futuro cercano.

En conclusión, las esculturas e instalaciones de la artista Lucía C. Pino, los trabajos con pantallas de plasma de Julia Varela, el imaginario biomórfico alienígena de Pakui Hardware, hasta la convergencia de distintos monstruos y tiempos en Emilija Škarnulytė, Raisa Maudit y Morehshin Allahyari alientan a través del contagio y la imaginación la posibilidad de concebir otros horizontes para la expresión artística. Otras genealogías, otras mitologías que nazcan y muten en un acto solo en apariencia contradictorio: el rescate del pasado legendario y mitológico a la vez que una proyección hacia el futuro, hacia una nueva imaginación especulativa.

# Capítulo VIII

# *Conclusiones*

[ … ] el útero de un monstruo preñado, aquí, donde nos encontramos escribiendo y leyendo.

Donna Haraway, *Las promesas de los monstruos*

Comenzamos este libro con una relectura del mito de Medusa que nos animaba a mirarla de frente, sin miedo a convertirnos en piedra. Sin embargo, más que paralizarnos por el miedo, la carcajada de la temible Gorgona despierta otro tipo de incertidumbre, una que nos provoca algo en el estómago. No es exactamente un malestar. Es como una punzada en el vientre. Similar a un cólico, pero no es lo mismo. Aunque esté cerca de eso. Es algo que se mueve. Adentro. Intuimos que es algo que supera la vida humana como la conocemos, aunque anida otras posibilidades para la imaginación de nuestra especie. Una nueva imaginación especulativa. Una reivindicación de los monstruos. Del vientre de este monstruo dentro del cual escribimos. Una entidad mitológica en constante mutación y transformación, a la vez que un personaje íntimamente relacionado con la transición entre la vida y la muerte, así como con los imaginarios de los cadáveres femeninos en el siglo XIX hasta su actual subversión en la literatura y el cine contemporáneo.

Como monstruos decimonónicos, las *revenants* de las pioneras Emilia Pardo Bazán, María Luisa Bombal, como la Medusa, expresan un mensaje inquietante y revelador. La muerte puede ser una venganza, una práctica de justicia poética o también una fiesta y un carnaval tanto en la parodia y el pastiche de los cuentos de Carmen María Machado como en el *slasher* feminista y en *Jennifer's Body* de Karin Kusama y Diablo Cody. Sin embargo, aunque haya lugar para el humor negro, la parodia y el carnaval, estos discursos no dejan de denunciar y visibilizar las violencias sistémicas que se siguen ejerciendo sobre las identidades no heteropatriarcales. Además, la radicalización obscena del neoliberalismo como capitalismo gore también está omnipresente en las distopías contemporáneas de varias autoras latinoamericanas de gran reconocimiento internacional y recepción entre el público. Relatos donde la especulación con el pasado, el presente y el futuro no es celebración tecnofílica, sino la demostración de la herencia colonial y la experiencia de la esclavitud como necropolítica fundante del Estado moderno. Una crítica desde un futuro posible donde el canibalismo y el feminicidio se institucionalizan imaginados por Agustina Bazterrica y Fernanda García Lao, así como el duelo y el trauma están en Solange Rodríguez Pappe, María Fernanda Ampuero, Dolores Reyes y Fernanda Melchor.

Estos futuros imperfectos asedian también el pasado mitológico y reescriben sus leyendas en clave de actualización y subversión especulativa. Así lo hicieron con las mitologías y los lenguajes asociados a las brujas Cristina Fernández Cubas, Mariana Enriquez y Mónica Ojeda, representando tres generaciones y tres tradiciones diferentes. Un arco narrativo y temático donde desde el *thriller* psicológico, la crónica negra y la distopía, sus ficciones «habitan las contradicciones» como única salida que propone Silvia Rivera Cusicanqui al chaleco de fuerza de las identidades monolíticas. Una nueva tradición que ya poco puede codiciarle al *boom* latinoamericano. Una nueva mitología que está alentando nuevos imaginarios y nuevos monstruos, que

releen el pasado, critican el presente y miran hacia el futuro con
la luz oscura de un nuevo gótico latinoamericano.

En esta dirección, hacia una nueva imaginación especulativa,
la ciencia y la tecnología, las hijas de los monstruos de la razón
son reivindicadas como propias. La soberanía reproductiva y la
posibilidad de generar vida de forma artificial ha dado lugar a
una nueva caja de Pandora, un objeto que una ciencia patriarcal
no sabe cómo manipular en beneficio propio. Como en la franquicia *Alien*, en la que el útero de Ellen Ripley deviene un artefacto donde vida humana y alienígena se funden cuestionando
nuestras escuetas intuiciones sobre las fronteras entre lo biológico y lo inorgánico, lo alienígena y lo humano.

Descendientes del monstruo de Victor Frankenstein, creado
por la imaginación y la afición a los cementerios de Mary Shelley,
los ciberfeminismos se multiplican a lo largo de la segunda mitad
del siglo XX, buscando respuestas y reclamando una nueva relación con la tecnología. Desde el célebre *Manifiesto para cyborgs*
de Donna Haraway, los ciberfeminismos acunan en su interior
una serie de postulados donde monstruos y distopías adquieren
nuevos sentidos tanto en la literatura como en la ficción popular
de las series televisivas y el cine. Y, sobre todo, la posibilidad de
un nuevo mito de origen entre género y tecnología en nuestros
imaginarios culturales.

Finalmente, junto con esta reivindicación de los monstruos
como expresiones de un nuevo imaginario especulativo, también conviven con ellos la proliferación de nuevas «mitofísicas»
que expresan nuestra incertidumbre ante un futuro imperfecto,
asediado por la crisis climática. Como respuesta al realismo capitalista y la ausencia de alternativas al neoliberalismo tardío,
emergen otros discursos e imaginarios. Como epígonos de las
distopías de Margaret Atwood donde el fin es un límite, una
frontera que abre una nueva continuidad y el fin del mundo no

es sino la excusa para nuevas alianzas y horizontes posibles más allá de los límites de lo humano. Como una seta naciendo entre las ruinas, los tallos oscuros del feminismo especulativo afloran en los imaginarios de novelas recientes como *Mugre rosa* de Fernanda Trías o *El libro de Joan* de Lidia Yuknavitch.

La crítica a la fe en la ciencia y la tecnología como nuevo mito occidental, así como la consciencia de la inmediatez del desastre, inspiran los lenguajes estéticos de varias artistas y colectivos provenientes de contextos culturales e históricos tan diferentes como España, Lituania o Irán. Por lo tanto, las sugestivas esculturas de la artista Lucía C. Pino, las instalaciones con pantallas de plasma de Julia Varela, el imaginario biomórfico alienígena de Pakui Hardware, hasta la convergencia de distintos monstruos y tiempos en Emilija Škarnulytė, Raisa Maudit y Morehshin Allahyari son espejos y ventanas a este presente extendido y futuro cercano del Antropoceno.

Desde las huellas dejadas en las cavernas, el pasado de leyenda vuelve para asediarnos en estas nuevas genealogías y versiones donde las *revenants*, las caníbales, las vampiras, las cíborgs, las sirenas, los genios orientales y los aliens biomórficos conviven en la luz menguante y plagada de reflujos teóricos, y parafraseando a Haraway, en el vientre de este monstruo desde donde escribimos. Estos movimientos convulsos, parecidos a los cólicos, son el temblor que produce. Su energía subterránea, de mitología ctónica, los emparenta con la Gorgona, enterrada en las catacumbas de la imaginación. Entre la ficción y la teoría, esperamos que su oscuridad siga acunando al monstruo.

A diferencia de Perseo, que usó la cabeza de Medusa como escudo, queremos en-carnar al monstruo, meternos en su piel de lagarto y su lengua bífida de serpiente. Experimentar su constante mutación, en estas nuevas reencarnaciones que alientan la posibilidad de concebir otros horizontes, otras genealogías,

otras mitologías que, desde la literatura, el arte, el cine y la televisión, nos ofrecen una fuga hacia el futuro, hacia una nueva
imaginación especulativa.

# Bibliografía

AA.VV. (2020): *Repensar el apocalipsis. Manifiesto indígena antifuturista* (trad. Katia Sepúlveda y Yuderkys Espinosa Miños), Indigenous Action. Disponible en <https://www.indigenousaction.org/rethinking-the-apocalypse-an-indigenous-anti-futurist-manifesto/>.

ALMADA, Selva (2014): *Chicas muertas*, Mondadori, Barcelona.

AMPUERO, María Fernanda (2018): *Pelea de gallos*, Páginas de Espuma, Madrid.

ATWOOD, Margaret [1985] (2017): *El cuento de la criada* (trad. Elsa Mateo Blanco), Salamandra, Barcelona.

ATWOOD, Margaret (2021): *Oryx y Crake* (trad. Juan José Estrella González), Salamandra, Barcelona.

AVANESSIAN, Arme y MAURO, Reis (comps.) (2017): *Aceleracionismo. Estrategias para una transición hacia el postcapitalismo*, Caja Negra Editora, Buenos Aires.

BAZTERRICA, Agustina (2018): *Cadáver exquisito*, Alfaguara, Barcelona.

BENNETT, Jane (2022): *Materia vibrante. Una ecología política de las cosas* (trad. Maximiliano Gonnet), Caja Negra Editora, Buenos Aires.

BOMBAL, María Luisa [1938] (2021): *La última niebla / La amortajada*, Seix Barral, Barcelona.

BURGOS, Carmen de [1922] (2021): *La mujer fría*, Torremozas, Madrid.

CIXOUS, Hélène (1995): *La risa de la medusa. Ensayos sobre la escritura* (trad. Ana María Moix), Anthropos, Barcelona.

COLANZI, Liliana (2016): *Nuestro mundo muerto*, Eterna Cadencia, Buenos Aires.

CROSS, Esther [2013] (2022): *La mujer que escribió Frankenstein*, Minúscula, Barcelona.

DANOWSKI, Déborah y VIVEIROS DE CASTRO, Eduardo (2019): *¿Hay mundo por venir? Ensayo sobre los miedos y los fines* (trad. Rodrigo Álvarez), Caja Negra Editora, Buenos Aires.

DICK, Philip. K. [1962] (2021): *El hombre en el castillo* (trad. Manuel Figueroa), Minotauro, Barcelona.

ENRIQUEZ, Mariana (2016): *Las cosas que perdimos en el fuego*, Anagrama, Barcelona.

ENRIQUEZ, Mariana (2017): *Los peligros de fumar en la cama*, Anagrama, Barcelona.

ECHEVERRÍA, Esteban (1871): *El matadero*, Imprenta y Librería de Mayo, Buenos Aires.

FEDERICI, Silvia (2004): *Calibán y la bruja. Mujeres, cuerpo y acumulación originaria* (trad. Verónica Hendel y Leopoldo Sebastián Touza), Traficantes de sueños Ediciones, Madrid.

FERNÁNDEZ CUBAS, Cristina (2015): *La habitación de Nona*, Tusquets, Barcelona.

FISCHER, EUGENE (2017): *Nueva madre* (trad. Arrate Hidalgo), Cerbero, Cádiz.

FISHER, Mark (2014): *Realismo capitalista ¿No hay alternativa?* (trad. Claudio Iglesias), Caja Negra Editora, Buenos Aires.

FREUD, Sigmund [1922] (1992): *Obras completas. Tomo XVIII* (trad. José L. Etcheverry), Amorrortu Ediciones, Buenos Aires.

GARCÍA LAO, Fernanda (2005): *Muerta de hambre*, Cuenco de plata, Buenos Aires.

GARCÍA LAO, Fernanda (2011): *La piel dura*, Cuenco de plata, Buenos Aires.

GARCÍA LAO, Fernanda (2020): *Nación Vacuna*, Candaya, Barcelona.

GREEN, Jen y LEFANU, Sarah (1986): *Desde las fronteras de la mente femenina. Feminismo y ciencia ficción*, Ultramar, Barcelona.

GROSSMAN, Lucila (2017): *Mapas terminales*, Marciana, Buenos Aires.

HARAWAY, Donna [1985] (2016): *Manifiesto para cyborgs. Ciencia, tecnología y feminismo a fines del siglo XX* (trad. Sofía Brass Harriott), Puente aéreo, Barcelona.

HARAWAY, Donna (1995): *Ciencia, cyborgs y mujeres. La reinvención de la naturaleza* (trad. Manuel Talens), Cátedra, Madrid.

HARAWAY, Donna (2019a): *Las promesas de los monstruos. Ensayos sobre ciencia, naturaleza y otros inadaptables* (trad. Jorge Fernández Gonzalo), Holobionte, Barcelona.

HARAWAY, Donna (2019b): *Seguir con el problema. Generar parentesco en el Chthuluceno* (trad. Helen Torres), Consonni, Bilbao.

INDIANA, Rita (2015): *La mucama de Omicunlé*, Periférica, Cáceres.

JEMISIN, N. K. [2015] (2017): *La quinta estación* (trad. David Tejera Expósito), Ediciones B de Books, Barcelona.

LABORIA CUBONIKS [2015] (2019): *Xenofeminismo. Una política por la alienación*. Disponible en <https://laboriacuboniks.net/manifesto/xenofeminismo-una-politica-por-la-alienacion/>.

LAURETIS, Teresa de (1989): *Technologies of Gender. Essays on Theory, Film and Fiction*, Macmillan Publishing Press, Londres.

LE FANU, Joseph Sheridan [1872] (2023): *Carmilla* (trad. Jonio González), Penguin Clásicos, Penguin Random House, Barcelona.

LE GUIN, Ursula K. [1969] (2019): *La mano izquierda de la oscuridad* (trad. Francisco Abelenda), Minotauro, Barcelona.

LE GUIN, Ursula K. (2004): «Habría que preguntarse por qué seduce tanto la fantasía», en entrevista de Sandra Chaer, Suplemento Cultura de *Página 12*, Buenos Aires, 23 de septiembre. Disponible en <https://www.pagina12.com.ar/diario/cultura/7-41377-2004-09-23.html>.

MACHADO, Carmen María (2018): *Su cuerpo y otras fiestas* (trad. Laura Salas Rodríguez), Anagrama, Barcelona.

MARTÍN, Leticia (2019): *Estrógenos*, Huso, Madrid.

MBEMBE, Achille (2011): *Necropolítica* (trad. Elisabeth Fallomir Archambault), Melusina, Barcelona.

McINTYRE, Vonda N. [1978] (2007): *Serpiente del sueño* (trad. Rafael Marín Trecher), Nova, Barcelona.

MELCHOR, Fernanda (2017): *Temporada de huracanes*, Random House, Barcelona.

MOISSEEFF, Marika (2004): *Suturas y Fragmentos. Cuerpos territorios en la ciencia ficción*, Catálogo, Fundación Antoni Tàpies, Barcelona.

NIETZSCHE, Friedrich [1887] (1996): *La genealogía de la moral. Un escrito polémico* (trad. Andrés Sánchez Pascual), Alianza, Madrid.

OJEDA, Mónica (2020): *Las voladoras*. Páginas de Espuma, Madrid.

PARDO BAZÁN, Emilia [1908] (2020): «La resucitada», en *Cuentos fantásticos*, Eolas, León, pp. 179-183.

PEDRAZA, Pilar (2004): *Espectra. Descenso a las criptas de la literatura y el cine*, Valdemar, Madrid.

PENROSE, Valentine [1962] (2019): *La condesa sangrienta* (trad. María Teresa Gallego Urrutia, pról. de María Negroni), Wunderkammer, Barcelona.

PERKINS GILMAN, Charlotte [1892] (2002): *El papel amarillo* (trad. Montse Meneses Vilar, pról. de Maggie O'Farrell), Alpha Decay, Barcelona.

PERKINS GILMAN, Charlotte [1915] (2018): *Matriarcadia* (trad. Celia Merino Redondo), Akal, Madrid.

PIZARNIK, Alejandra [1966] (2009): *La condesa sangrienta* (Ilustraciones de Santiago Caruso), Libros del Zorro Rojo, Barcelona.

PLANT, Sadie (1997): *Zeros + Ones. Digital Women and the New Technoculture*, Fourth State Publishing Press, Londres.

POE, Edgar Allan [1846] (2016): *El cuervo* seguido de *Filosofía de la composición* (trad. Enrique López Castellón), Abada Editores, Madrid.

REMARTÍNEZ, David (2021): *Una historia pop de los vampiros*, Arpa, Barcelona.

REYES, Dolores (2019): *Cometierra*, Editorial Sigilo, Buenos Aires y Madrid.

RODRÍGUEZ PAPPE, Solange (2020): «Compañeros de viaje», en *Ars moriendi. Cuentos de la no vida*, InLimbo, Albacete, pp. 43-62.

RUSSELL, Karen (2014): *Vampiros y limones* (trad. Victoria Alonso Blanco), Tusquets, Barcelona.

RIVERA CUSICANQUI, Silvia (2019): «Tenemos que producir pensamiento a partir de lo cotidiano», en entrevista de Kattalin Barber, *El Salto*, 17 de febrero. Disponible en <https://www.elsaltodiario.com/feminismo-poscolonial/silvia-rivera-cusicanqui-producir-pensamiento-cotidiano-pensamiento-indigena>.

RULFO, Juan (1955): *Pedro Páramo*, Fondo de Cultura Económica, Ciudad de México.

RUSS, Joanna [1975] (2021): *El hombre hembra* (trad. Maribel Martínez), Nova, Barcelona.

SCHWEBLIN, Samanta (2014): *Distancia de rescate*, Literatura Mondadori, Barcelona.

SHELLEY, Mary [1818] (2015): *Frankenstein o el moderno Prometeo* (trad. Federico González Oliver), Ediciones Nórdica, Madrid.

WILLIAMS, Alex y SRNICEK, Nick (2013): *#Acelera. Manifiesto por una política aceleracionista».* Disponible en <https://syntheticedifice.files. wordpress.com/2013/08/manifiesto-aceleracionista1.pdf>.

TRÍAS, Fernanda (2020): *Mugre rosa*, Literatura Mondadori, Barcelona.

VALENCIA, Sayak (2010): *Capitalismo gore*, Melusina, Barcelona.

VARGAS LLOSA, Mario (1973): *Pantaleón y las visitadoras*, Seix Barral, Barcelona.

WAJMAN, Judy (2006): «Prefacio», en *El tecnofeminismo* (trad. Magalí Martínez Solimán), Cátedra, Instituto de la mujer, Valencia, pp. 15-19.

YUKNAVITCH, Lidia (2018): *El libro de Joan* (trad. Albert Fuentes), Alpha Decay, Barcelona.

YUKZUCK, Marina (2020): *La sed*, Blatt y Ríos, Buenos Aires.

colección

ESTUDIOS DE LO INSÓLITO

LAS PUERTAS DE LO POSIBLE, 4